文化新視野

李瑞騰◎主編

編者序

◎李瑞騰

二〇〇八年，馬英九總統五二〇就職之前，原台北市馬市長任內的首任文化局局長龍應台在《中國時報》發表系列文化議題專文，一方面總結其北市府的文化施政經驗，一方面不無展示其文化視野，提供新政府參考之意。媒體原也猜測龍馬可能再合作，但內閣名單揭曉後，文建會主委是著名作家黃碧端教授，稽之整體內閣以穩定與理性爲主要考量的事實，一向穩重且擅長思辨的黃教授榮膺重任是可以理解的；而從她上任前後接受多次訪問所談內容，包括體制之變革、預算之增加、藝術教育之往下扎根、藝文團體之分級補助、杜絕放煙火式活動等，都有一定程度的理想性；從她上任後首次與藝文界的茶敘之盛況，民間對她是有一些期待。

上世紀末，我曾代表《文訊》雜誌專訪過二位文建會主委——鄭淑敏和林澄枝，談她們的文化理念和施政重點；扁政府時代的陳其南主委在一九九八年也曾接受我的專訪，談如何「將科技與文化作有機的結合」。此外，省政府首任也是唯一一任文化處處長洪孟啓、北市府的龍應台局長，我都曾有過深度訪談。

從中央到地方，從政府到民間，我體會出「文化」之所以作爲一個重要的公共事務，必須建立制度、擬訂政策、編列預算、專業分工，原因是「文化」可說是立國的根本，不說源遠流長的傳統文化，從器物、制度到思想，從儒釋道到民間的庶民生活文化，今之所以爲今的所有一切，都可以在過去傳統的流動變化中找到根源，那是本，本立而道生啊！更進一步說，西學東漸、外力長驅直入以來，文化的衝突與激盪，無日無之，台島原生態也因此而漸變，原漢衝突、閩客械鬥等層出不窮之事，染紅青山綠水；從荷據、明鄭、清領、日治，乃至中華民國在台灣等，住民依違擺盪，文化的變與不變遂成爲歷史的主脈，卻也雅俗相映、多元共生。

於是，如何面對我們的文化，已成爲這一代人的共同事業。

《文訊》從創刊以來便致力於此，文學是她主要的內容，她擺脫省籍的糾纏，通過文學看一代文化菁英所創造、積累的美感與智慧；把台灣擺在亞太格局中，視其東西南北的橫向之聯繫。然而，文學不是孤立的，她是一種文化形態、一種以文字爲媒介的藝術類型，和歷史、環境息息相關。從人文生態系統來看，從創作主體到接受主體，必須通過社會性十足的傳播場域，其周邊存在四種特具影響的力量：政治力、經濟力、學術力和社會力，而它們也在交互作用。這是爲什麼處理文學必須擴大面向關心文化議題的主因，《文訊》也就因此不間斷地討論文化，特別是關乎所謂「文化建設」的課題。

如所周知，過去民進黨主政八年，揚棄李登輝時代文化施政主軸：建立文化新中原，將林澄枝主委所策劃的《文化白皮書》束之高閣，雖深化了本土，卻也窄化了其意涵，有時也不免重返文化爲政治服務的舊路，令人遺憾！在新政府成立之際，《文訊》精選上世紀末所發表的有關文化建設的專文五十餘篇，重新整編，彙成《文化新視野》一書，內分六輯：文化的形成與發展、傳統與現代的對話、社區文化與文化「生活化」、文化教育：縱向的繼承、文化交流：橫向的聯繫、政府能為文化藝術界做什麼等。展卷重讀，思前想後，五十餘位文化菁英的人文關懷化為篇章，仍然擲地有聲；其殷殷期盼於主政者的心情，熱度猶存。我們特別敬邀文化界的朋友重新來思考新時代的文化問題。

本書作為《文訊》二十五週年的獻禮之一，正表示《文訊》諸君面對文化一以貫之的熱情不減，個人忝為前任總編輯，且迄今猶以顧問之身與聞社務，誓言將與諸君共同攜手努力，再迎文化的新春。

目錄

輯二 傳統與現代的對話

輯三 社區文化與文化「生活化」

輯四　文化教育：縱向的繼承

輯五　文化交流：橫向的聯繫

輯一

文化的形成與發展

塑造可大可久的文化

◎王三慶

第一位民選總統李登輝先生已於今年五月二十日正式宣誓就職，歷史上主權在民的理想於焉實現，這是中國歷史上一件大事。因此，總統在就職典禮中談到未來的治國理念，提出「文化改革」、建立「文化新中原」的目標，理念十分正確，更是我們未來奮鬥的方向。爲了落實這個理想，達到目標，建立一套既大且久的跨世紀文化，在某些方面是有必要加以改革，並有非常的作法。因此筆者認爲以下數點是我們推動跨世紀文化時所要改革與善加發揮之處。

一、建立事權統一的文化機構

文化建設從中央到地方，從政府官員到民間百姓，沒有一個敢說它不重要，大家都要承認它是當急之務，可是一旦提到如何落實與該從何做起時，不免想到該由那個單位來做？如在中央，什麼工作隸屬教育部？或者該劃歸內政部？或者由文建會來作主導？最常見的是層次不清，互相推諉；有時則是事權歸屬非一，造成多頭馬車的重疊情形。在地方上，縣市政府的教育局、民政局、社會局與文化中心也與中央單位情形類似。以至於文化建設往往形成灰色的三不管地帶，或是資源因此分散，形成浪費。爲了發揮文化建設單位的機能，文化改革的第一件工作必需先從制度的改良設計著手，建立事權統一的文化機構。唯有如此，才有可能利用有限的文化資源，有效的實現總統「文化新中原」的主張，否則僅是叫口號而已，其失敗也將可以想見與預期。

二、開發社會文化資源

文化建設絕非徒恃政府單位的力量可以完成，政府所要從事的建設多端，預算大餅一分，資源與力量也就分散不能集中。再者，政府的投入也是被動的方式，不是推動文化建設的理想方式。如何因勢利導，開發廣大的民間社會資源，讓民間有所自覺與參與，這是政府需要用心之處。事實上，民間資源極爲豐富，只是不知如何使力，何況分散而不易凝聚，如果推動文化建設的中央單位，或地方上的文化中心能夠好好善加運用，任何文化政策在愛鄉愛土的熱烈情操下，自然事半而功倍。

百姓也許是一群毫無組織的熱心民眾，如何組織與加強他們的參與，進行民心的改造則有其必要，改造的良方則從教育著手，如何讓他們認識自己的居家環境，發掘鄉土民情的可愛，古往今來的點點滴滴與變遷？祖先生於斯，死於斯，我們則居於斯，長於斯，豈無珍惜之念？一想到這個家園，念茲在茲，能無讓它更爲美好之心？

三、如何面對傳統與外來東西文化之融合

人文化成即是文化的語源，什麼時候的人即有什麼樣的文化。文化與時俱變，流動不居，我們絕對不能守成不變，更不可能割斷傳統的臍帶。我們有悠久的文化傳統，這是祖先在這塊土地上，爲了適應所產生的一種生活方式，所謂「苟日新，日日新，又日新。」即是文化之延續與創新。這種傳承與創新到了今天，自然成爲民族命脈息息相關的宏流與道統。生爲中國人的道統與優良特質到底有那些東西，我們不能不明白。如何延續與創新傳統文化，是每個時代中國人的自我期許與目標，豈能不加留意與正視。相對的，外來的東西文化，也不必視作非我族類而加以排斥，文化力量雖然隨國力而有強弱之分，但是沒有優劣之分。因此，我們不必要強制他國一定要接受我們的文化，也不必對自己的文化完全失去自信，甚至到了不加篩選全盤接受的媚外地步。尤其在地球村的今日，文化的融合與影響，與以往大不相同。歐洲已經逐漸發展出共同體的概念，減少大家的相互敵視，進行更密切的合作。爲人類謀幸福則是當今從政者所要邁向的目標，我們豈能自外於國際潮流，進行閉門造車的改造方式？

建立跨世紀文化多端，非此短文可以盡述，也非一朝一夕、一人之力可以完成，誠如蘇雪林教授對總統夫人曾文惠女士所說：「拜讀總統送給我的大作之後，覺得總統將來選上以後要倍加辛苦。」但是如果在制度上加以改造，使民眾樂於參與，因勢利導，並篩選出適合於我們今天的生活方式與理念，不必斤斤計較於中西、傳統與外來文化，只要可以融入我們的道統和跨世紀文化當中，塑造出我們可大可

久的文化，則總統提出建立「文化新中原」的高遠目標，和「文化改革」的完成，乃是可以預期的，而老子所云：「治大國如烹小鮮」的治國理念也將輕而易舉。

原載一九九六年九月《文訊》一三一期

【王三慶】文章發表時任成功大學文學院院長，現任成功大學中文系教授。

談文化形成的特色與文化建設的路線

◎張雙英

文化，在比較高的層次上，固然可以被視爲一種學問，以供學術性的研究；但如果從「它」與「人」的關係來著眼，其實，它就是人們生活中的各層面——不論是倍受肯定、或飽受批評者——之反映。而一個地區、或一個國家的文化，其內涵是否豐富以及其水準是高或低，便也就是其人們的實際生活情況如何了。

一種文化的形成，若自時間和空間兩個角度來觀察，將會立即出現以下兩個特色：

在時間的縱向面上，文化乃當代與傳統的混合體。文化的內涵基本上既是人們的生活，那麼它在時間上的主要特色便是「當代性」、「即時性」了。換言之，文化的主要成分乃當代人們在各種生活上的創造活動及其成果。不過，由於人類具有「代代相傳」的特性，乃使得人們的生活內涵與方式無法和「過去」完全斬斷關係，而必然的承襲了某些舊有的傳統——祖先的遺產，不論這種繼承是不知不覺的因襲、或主動的篩選，甚至於不得不的接受等。因而，文化必然是當代和傳統的混合體。

至於在空間的橫斷面上，文化則是本土與外界的合成物。由於文化是居住在同一地區的人們，於同樣的天候類型和地理環境的影響下所形成的，所以本來就有地域性。而這一地區的人們，在考量了共同的安全、利害，以及血緣和感情等因素後，乃衍生出一套以本地區爲核心，而向外逐漸擴大的關係領域；這情形到了某個範圍時，便明確的劃定自己的界線（如國家的疆界），並禁止別區域的人進入。不過，這種人爲的限制雖然在政治、軍事、經濟上等可具體執行，且做到非常嚴格的程度，但無論是那一種類型的地區，都不願對文化的交流加以限制，因爲，這種文化的接觸對雙方來說，所帶來的絕對是利大於弊。而在這種不願，也無必要跟外界完全斷絕文化交流的情況下，文化便是本土與外界的合成物了。

由於文化建設的最終目的，爲豐富人們的生活內涵和提高人們的生活品質；而如前所述，文化建設的工作進程便應該要採取下面兩條路線來同時進行。

一是從當代到未來。基本上，每一個時代的人們都希望擁有適合本時期人們最想要的生活方式與品質。於是，爲了達到這個目標，底下的三個措施便在自然而然中被結合成一整套文化建設的要項了：第一，省視傳統文化，並自其中選擇性地繼承，並發揮對當代人有所助益的部分，如：倫理和道德，讓人們能在溫馨、祥和的群體中，維持社會的穩定與發展；又如：不朽的觀念，讓人們能在和樂的人際生活之中發揮才學、建立事業，以造福社會大眾。第二，尊重專業素養，鼓吹合作精神，以營造出適合當代人們的生活環境，譬如：制定現代文明國家都一致維護的民主、自由和法治兼顧的制度；以及其他與民生息息相關的事務，如：重視社會正義的風氣、全力推動福利措施、防止暴力犯罪和打擊貪汙特權等。

第三，肯定爲後世奠基的精神，推崇影響深遠的宏猷。在人人都已享有富足安樂的生活之餘，讓大家的眼光能夠超越現代、心胸能夠擴及後世，以替我們未來的子孫奠定一個良好的生存環境和發展的基礎。

二是由本土而國際。現今的世界，早已不是古代那種小國寡民、老死不相往來的方式所能適應；不過，距離古人理想中天下爲公的大同世界也還很遙遠。今日世界所呈現的，乃是一種有許多基於安全、利益和種族而劃清領域的國家正同時共生的狀態。在這個世界中，每一個國家都以自己的福利爲最根本政策，而傾全力保護自我，所以本土意識都非常濃厚。然而，現在又是一個地球村的世界，國際間的距離已因交通和溝通的便利而大爲縮小，同時，爲了能順利的生存和發展，目前可說已經沒有一個國家可以自外於世界而與世隔絕了；每一個國家與他國在外交上、經濟上，尤其是文化上都必須密切的交流，如此，在安全上可彼此協防，在經濟上可互通有無，而文化的交流則是增進國際間相互了解的最佳管道。因此文化發展上的由本土而國際，也是一條正確而必須的推動路線。

文化是生活實況的反映，因此，提升生活的品質和擴大生活的內涵，也就是建立文化的最根本手段了。

原載一九九六年八月《文訊》一三〇期

【張雙英】文章發表時任政治大學中文系教授，現任淡江大學中文系教授。

超越中心與邊陲、中原與本土的二分思考

◎林谷芳

從政治的反面思考，文化才有生機

七〇年代之前，台灣社會在文化思考上的中心概念是「中國」，但到了八〇年代則輪到「本土」的概念來管領風騷，其間轉變的快速，令許多人始料未及，因爲這兩個詞語在台灣正代表著概念中的兩極，而一些過去叱吒風雲的人，到如今恐怕還是不能了解文化怎麼可能是一朝變天的。

這種變天其實正是台灣的文化建構倚賴於政治力量的一種顯現，也因此，過去獨享尊榮，以「中心」自居鄙視「本土」的人，在政治的正當性轉移後會如此的落寞；而同樣地，現在開口閉口「本土」的人，若不善自反省自己的堅實基礎何在，也難保不空歡喜一場，最後只落得做爲政治鬥爭的籌碼而已。

台灣的文化建構要擺脫依附性，要能不隨著政治風向如鐘錘般擺動，首先即必須有「政治通常使人趨向分裂，而文化卻能讓人相互了解」的體認；從政治的反面思考，反而才會有文化的生機。

在政治上，中原與本土往往是對抗的概念。以中原立場看本土的人，總認爲台灣文化充其量也只不

過是漢文化的一小支，而站在本土觀點映照的人，則又常以為台灣文化歷經荷、清、日的統治及現代化西方文明的洗禮，早已是個與中國不同的文化系統，所謂的中國文化也僅是台灣文化的一部分而已。兩者的說法都有道理，但結論卻又完全相反，問題究竟出在那裡？

現代台灣與歷史中國是文化中的兩面

將兩者放在同一層面作對抗性思考，恐怕是理未易清、事未易明的癥結所在。崇中原而鄙夷本土者，一者仍難擺脫自以為居世界之中的舊中國慣性思惟，另外也忽略了本土是一切文化發展基點的事實；而揚本土以顛覆中原者，則一方面既難免於妄自尊大，另方面更忘了文化的來源雖可多面，但總有其語言、思想的歷史基底，將荷、日文化與中國文化各視為自己文化「等值」的一部分，其實並未觀照到自家眞正的立腳處。

誠然，台灣文化是中國文化的一部分，中國文化也是台灣文化的一部分，但這句話若只放在同一層次說「我泥中有你、你泥中有我」是不夠的，它的眞相應該是：歷史中的中國文化是台灣文化的基底，而台灣文化則是以中國文化為基底面對不同情境後變現結果，如此，談本土文化的人固不必花無謂精力來證實自己的異質性，而心向中原的，也不至於用陳規老套來看待台灣文化，會想從台灣文化中看到中國文化再生的可能契機；如此，一種互補的關係也就形成。

談文化，總要談它的穩定性與變異性，穩定性關係到深層的心理結構，變異性必須來自環境的刺激，只有穩定沒有變異，則文化將如一灘死水；只見變異沒有穩定，則文化會徹底顛覆，本土與中原，現代台灣與歷史中國，正是這文化中的兩面，硬生生將它們割截，結果只能落得兩邊都不是人。

以戲劇而言，由京崑等古典劇種所扎下的中國戲曲美學，仍舊是台灣傳統漢族戲劇的表現根本，但台灣的本土特色，卻使得歌仔戲從色彩上大大不同於京劇，而現代舞台觀念的移植，則又使得它有其時空上的特殊意義。在這裡，一個眞正了解京劇的人也容易看出歌仔戲的美，而歌仔戲藝人對京崑的傑出演員自然也會心嚮往之。從梅蘭芳到廖瓊枝，雖可以有藝術造詣深淺的比較，但自任何一端「直接」非議另一方，卻都只能是政治、情緒或惰性思考的產物。

解構政治的影響，跳出二元分割的思惟

然而，不幸的是，台灣在社會日趨多元開放的這幾年，卻在這裡耗費了太多精力，於是，中原與本土間勢如水火，反而喪失了對西方異質文化的批判力；其中，只論中原的封閉系統固不待言，談本土者在中原喪失了它的正當性後，卻也同時失掉了它面對現代文化可能呈現的主體性，在失掉古典的本土中，所謂的「本土國際化、國際本土化」其最可悲之後，是本土會被無情的國際所消溶。台灣的文化思考想要超越目前二元對立的格局，其實可以看看西方，看看日本。希臘、羅馬文明是西方文化建構不可或缺的古典，而這些古典也因西方乃可以在不同時代裡都彰顯特殊的意義；同樣地，日本人對中國文化也是如此，儘管日本人更有權利說中國文化只是形塑日本文化的一支，但她們卻以古典神聖的心情來看

待過去的中國文化，結果反而造就了日本文化的特色；在受到美日文化衝擊甚深的台灣，如果看不到這些，毋寧是很奇怪的事。

不錯，早些年長期的威權統治，是造成了文化的偏頗發展，但八〇年代以來的變天，則又讓文化的思惟偏向了另一邊，因此，在即將進入二十一世紀的前夕，文化人能否眞正解構政治的影響，能否跳出二元分割的思惟，也就成爲決定台灣文化是否能建構完成，是否能做爲中國文化標竿的關鍵所在。

原載一九九六年十一月《文訊》一三三期

【林谷芳】文章發表時爲南華管理學院教授，現任佛光大學藝術研究所所長。

除了談論，也是感覺

◎南方朔

文化原本是一種聚合的力量

聖奧古斯丁說過：「時間，你不問我，我還知道它是什麼，但你一問我，我就什麼都不知道了。」

「文化」似乎也是這樣的一種事務。當我們不談「文化」時，我們自然的生活在「文化」中，它也在習慣和期望中自然的成長，而一旦人人都將「文化」變成新的口頭禪，我們也就反而變得不知道它是什麼了。我們聽到的只是各種談論「文化」的聲音，而眾聲喧嘩裡，「文化」隨著聲音不安穩的飄盪，甚至還可能在飄盪中一點點的失去。

難道我們不是在一點點的失去文化嗎?當「文化」開始被談論，這時候它就變得不再是文化，而成為一種政治。文化原本應當優雅自然的面容，遂都換上由於自鳴正義而長橫了的線條。狂亂的政治相信權力可以改變一切，它當然可以改變文化，於是被談論的「文化」開始被簡單化為各類旗幟鮮明的標籤，人們抬著標籤而各分畛域。在任何社會，文化原本是一種聚合的力量，但當它被過度談論，它卻加入了將社會切割的行列；原本應當多一點境界，多一點感覺的文化人，也在談論「文化」的權力餘光裡變得更加粗糙。辭藻愈多，內容就會愈少；談論愈多，其理愈亂，於是文化消失在辭藻語言構築起來的粗糙中。

「文化」在談論中變成政治，而於此同時，在這個媒體時代，一切有意義的事務，也都會被化約為無意義的新聞。於是，文化也在談論中變成了新聞。原本沉潛錘鍊的文化，當它變成了新聞，對於「新」的追逐也就成了它的最高價值，而文化也就在「新」的裡面被一點點的蛀空。

媒體時代自戀式的文化景觀

這眞的是個一切都會被蛀空的時代。當一切文化事務都被時代催逼著，變成了每個人對「新」的爭逐，「新」意謂著新聞式的譁眾取寵和語不驚人死不休，文化就成了自戀的某種表徵。自戀者是必然的唯我主義者，他們將文化視為一種販賣，需要的是最生動的廣告辭句與包裝型態。這種自戀式的文化新聞化與廣告化，使得我們只看到恍若霓虹燈般生滅的文化符號，卻很少看到文化。「新」的追逐使得人們不再那麼堅守本業，而只願意當創意英雄；一切都成為新聞創意式的表演和遊戲。從小說、戲劇、電影、繪畫到雕塑，原本的文化元素在新的創意式符號裡被解消。創意可以讓每個腦筋靈活、語言滑溜的人成為風光十五分鐘的英雄，何必再辛辛苦苦多爭取一分鐘！

這就是媒體時代自戀式的文化景觀：各類極端文化現象此起彼落，論述上語不驚人死不休，在眾多廣告辭裡如何被凸顯，以便讓人記得最爲重要，被別人記得大過自己記得自己；極端文化現象充斥的時代，一切都被極端而有新聞話題性的事務拉走，沒有了中庸，沒有了專業。一根繩子、幾件破衣，只要放在展覽廳就變成了藝術；幾個簡單的平常動作，也就會成爲戲劇；三、五萬語言滑溜的字也成了文學。當一切都覺得廉價，文化也就在廉價中模糊了自己。

而無論文化在談論中製成政治，或是文化在談論中變成廣告或新聞，它們其實都是被本質相同但表相有異的「力的邏輯」所操控帶動。文化變成政治，它的背後是更自然性的實體權力，而它成爲新聞廣告，背後則是金錢或資訊權力。「力的邏輯」只爲它自己，當文化服膺於力，它就開始成爲虛無。這樣的文化乍似熱鬧喧嘩，但除了看得到晃動的文化人之外，哪裡還有文化能夠殘存？極端的時代，文化人用自己的手扼殺著文化。

文化最根本處在於具有一顆心靈

因此，年紀愈來愈大後，丹尼貝爾（Daniel Bell）說，他愈來愈成爲「政治的自由主義者，經濟的社會主義者，文化的保守主義者」，他的心情也就不難理解了。文化不只是寫作或表演，貫串著一切的文化活動，它最根本處仍在於具有一顆心靈，它由理智的熱情，不自我放棄的堅持，對人的理解，對價值與美的昇華渴求等所組成。文化有它自爲的目的性，而那種目的性不在政治中，也不在新聞爭逐的十五分鐘。文化的自爲目的性，就像人道的階梯，可以讓大家一起愈走愈高，而人類活著，如果不是對那愈來愈高的東西保有嚮往，那還有什麼意義？

因此，這個世界或許有兩種文化人：

一種是「爲了」文化而活著的人，他們將文化視爲一種目的，因而致力於尋找它的意義。由於這樣的謙卑，他們反而會在目迷十色的喧鬧中得以長久。

一種則是「依靠」文化而活著的人，他們將文化當作一種欲望的手段，一種外在化的對象。他們或許聰明過人而有了剎那的風光，但時代的大風吹走，他們或許就再也看不到自己的位子。

我們可以從文化政策談論文化，可以從社區談論文化，可以從資源談論文化，談論可以無限，但本源卻終究只有一個，那就是人對他自己的期望。對自己有期望的人就會聆聽，就能對一切有感覺，有感覺才會有藝術，接著也才會有文化。

在我們這個時代，諸神交戰，太多的聲音已蒙蔽或掩蓋了我們的感覺。我們都愈來愈會說，但愈來愈不會聽；我們也愈來愈擅於表演，但卻讓感覺閒置；於是一切遂都被聲音動作刮磨得粗礪不堪。或許，在文化談論已過多的此刻，多一點聆聽，多一點感覺，反而更重要吧！

原載一九九六年十一月《文訊》一三三期

【南方朔】文章發表時任新新聞雜誌社副社長，現爲文化評論家。

如何建立文化新中原

◎林水福

在資訊時代、國際化時代的今天，造成人與人之間，國與國之間溝通的大障礙之一是文化。現代國際間的戰爭、紛爭，大部分原因出自文化的差異。政治、經濟等因素造成的摩擦，透過溝通、會談、妥協等方式可以解決到某種程度，因爲它們本質是解決利益合理性的問題。

國際間，如巴勒斯坦問題、黎巴嫩情勢、北愛爾蘭、巴斯克（Basque）、斯里蘭卡等問題，不是不易解決，便是紛爭看來會長久持續下去。即使政治、經濟、歷史上的難題，是這些紛爭的根源，但難以解決的是與民族、語言、宗教等文化因素的糾葛。

即以目前兩岸之間關係的低迷，主要原因不在政治、非關經濟，還是文化問題。大陸高層人士一再提出警告與指責：「不容台灣少數人，搞台灣獨立，做出分裂祖國的行爲。」這種說法的背後不就存在著「祖國統一」的「大一統」思想嗎?當然，它來自傳統中華文化，總認爲「分疆裂土」是後代子孫最大的不肖，是無可饒恕的罪過。

李總統指責這種思想是民族主義作祟。民族主義，我想是源自英文的 Nationlism 吧!-Nationlism，除了可解釋爲民族主義之外，尚可解釋爲國家主義，或日人所說的「國粹主義」。不管採哪一種解釋，還是文化思想的問題，且包含「正統」與「優越感」在內。

相對於民族主義，李總統提出建立「文化新中原」的目標與之抗衡。「中原」這個詞，在一般人心目中無可否認的內有「正統」的意味。不在政治上與大陸針鋒相對，而在文化上尋求「平等」地位，是「以子之矛攻子之盾」，不能不說是高招！

事實上，「中原」的另一個解釋，是中國之意，與邊疆相對稱的說法。所以，建立「文化新中原」不就是「文化新中國」嗎？

祛除傳統文化中的劣質文化

傳統文化中的貪污文化與黑金文化是急需祛除的。

報載海峽兩岸同列貪污嚴重的國家，大陸名列亞洲第三，台灣排名第八，還比南韓、馬來西亞嚴重。

貪污文化的「盛行」，在我們生活周遭，可以明確地「感受」到。公共工程預算一再追加，施工時日拖延，品質低劣，剛完成的工程即已百弊叢生。木柵捷運線，號稱造價世界第一，品質卻是倒數第一！通車後不久，即狀況頻頻，對於公共工程的品質可以「容忍」到這種地步，在先進國家中該是異數，與近鄰日本的新幹線、捷運數十年來沒出過事、行車時刻準時相比較，我們能不汗顏？

再者，檢警人員應是維護治安的最後一線，是最大的屏障。周人蔘電玩弊案，多少檢察官、警察人員涉案。反正每次出問題，所謂的高級長官總是「涉法人員只是少數不肖分子，絕大多數是清白、敬業的，應該給予鼓勵……」這一套說辭，每隔一段時間就重複出現在報紙上，在電視上，大家也耳熟能詳，見怪不怪?!有時我想這樣的事，如果發生在日本，有多少大官要下台?說不定還有人會自殺謝罪呢！

其次，黑金文化正默默地改造國家的體質。以往是非分明，善惡清楚，如今黑白不分，黑中有白，白中有黑，善惡模糊。李總統以創造「中國五千年來第一次人民選總統」爲傲，不錯，有充分理由足以驕傲；可是，黑金文化的猖獗，不也推向歷史的新高點嗎?

最近，國人海外移民特別多，兩岸關係的低迷固然是原因之一，百姓無法生活在免於恐懼的環境下，不也是主因之一嗎?

文化也需要研究——大學中設立地域研究及國際比較文化研究

文化，不應該只是一種觀念，應該是象徵人類精神努力的「物」，也就是說，所謂文化是利用精神生產有價值的實物。西方的 Culture 意思非一，但皆包含「栽培」的涵意在內，基於此，無法創造出有價值的產物，或不具栽培作用效果的活動，其實都稱不上是「文化」活動。

鄉土文化中價值不高的應設法提升或使之轉型，例如喜宴或喪葬儀式中，跳脫衣舞或電子花車的裸體表演，即爲拙劣文化，沒什麼意義與價值，除非使之轉型爲較典雅、有意義的表演，否則應革除。這種「陋習」的歷史其實並不長。

什麼是「本土文化」？應如何推動，創造？

相信一般人都很模糊，這是正常現象，因爲我們始終沒有學術單位進行這方面的研究。文建會以及各級政府的文教單位、縣市文化中心等，實際舉辦「文化活動」時不也常有無著力處，或面臨不知怎麼辦的困境嗎？

日本許多大學開設的「地域研究」，就是對鄉土文化進行研究，推動的動力根源。

最近幾年積極設立的「國際比較文化研究」，重點在於外國的文化研究，以及與本國文化的比較，目的是透過文化的了解，減少或避免國際間的因文化問題所產生的摩擦、爭端，同時培養具有國際觀的外交人才。

台灣曾經創造出經濟奇蹟，是否該積極往文化大國邁進呢？

原載一九九六年七月《文訊》一二九期

【林水福】文章發表時任輔仁大學日文系教授兼研究所所長，現任興國管理學院應用日文系講座教授。

對台灣社會文化多元化的省思

◎傅錫壬

文化就是生活的反映

目前台灣已經是一個文化多元化的社會，在外來文化輸入上，先是日本人五十年的統治，由於日本人有計畫的刻意經營，使現在六十歲以上的台灣人，對日本當年推行的制度或生活方式，仍留下些許的欽佩和懷念。因爲文化就是生活和思考的方式，人本來就很難從潛意識中去全然忘記已經使用了十年以上的生活方式和習慣，所以無法忘懷於東洋文化是無可厚非的。然而在戰後，不到半個世紀，日本人竟然能在戰敗國中站了起來，而成爲今日世界上的經濟大國，尤其是精密工業科技方面的產品，很容易的融入到人們的日常生活之中，不僅現在台灣的社會上，處處充斥日本人的生活用品和工具，就連在歐美等先進國家的日常生活中也不例外。既然是日本人的生活用品和工具，當然使用久了也就成爲自己生活中不可少的習慣。所以當你走進日本大都市的百貨公司或超級商場時，你會驚訝於它們所陳列的商品，與台灣不同的只是標籤的文字而已。於是有人說日本文化在台灣隨處可見，影響頗深，其實這也是無可避免的，畢竟文化就是生活的反映。

民國卅四年，台灣光復，繼而國民政府播遷來台，百廢待興，美國人以患難與共的盟友姿態前來協防台灣，我們無能拒絕，於是美國人的生活方式，也就隨著大兵和傳教士的腳步引進台灣。如果這段時間你到過台北市中華路的舊中華商場，會懷疑怎麼美軍的生活用品這裡都買得到。你若進過教堂，也會發現麵粉、玉米和聖經一樣受歡迎，當時台灣的青少年受美軍的影響不言而喻。我們生活艱困如此，能拒絕嗎？後來台灣的孩子漸漸長大了，他們有志氣，有抱負，大學畢業後，都紛紛到美國去留學深造，只因為美國給他們獎學金。他們留美的時間少則三、五年，多則十數年，於是漸漸習慣於美國人的思維和生活方式。目前在政府機構中，居要津的，留美人才仍居多數，所以目前台灣政府的政策，無論經濟、外交、教育都比較偏向走美國路線，其實這也是毋庸多議的。他們不發揮自己所學的專長，又如何能替國家做事呢！

後來，在島內全民的勤奮努力下，人民生活水準不斷提升，於是歐洲的藝術和文化亦受到了台灣人的重視，歐風東漸，使留學德、法、西的人也漸漸增多了。尤其法國香水、法國餐廳，遠播的香味雖然不同，一樣令人垂涎。

當然，早期來台的台灣人也好，民國卅七年以後來台的台灣人也好，基本上都是認同中華文化的，但是兩岸的人民在四十餘年分隔後，由於經濟政治的發展模式各不相同，生活習慣漸異，文化上也已經形成了差距。數年前，突然兩岸打破了僵局，台灣人民從探親到貿易，進而在大陸定居；於是再度燃起了大陸來台的台灣人的懷鄉之情，也促使了土生土長台灣人對大陸的好奇，當然也有一些尋根的意識心態。一時之間，中華文化似有復興的氣象，同時也引發了多元文化在台灣如何融合的糾結和省思。

多元文化的自然融合

其實，在經過四十餘年交融之後，台灣早已經成爲一個能接受文化多元化的社會，如今既已被多事者「吹皺一池春水」，何妨藉此略抒己見：

第一、文化的形成是自然的融合，它的取決方式是優勝劣敗，適者保存，不宜則淘汰。毋需刻意去凸顯其差異，更毋需以制定「文化」政策去引導。因爲文化的形成是被動的，縱若想去提升文化使之精緻化，也必須從其他生活環境的條件中去改造。諸如，重視人文教育、注重自然環境保護、提升經濟水準、強化法制觀念、改善交通建設……等等。總之，凡與人們生活有關的，無論內在或外在的環境，都會影響文化的形成。正如醫生的一句口頭禪：「頭痛不一定醫頭」。

第二、然則，文化有精緻與次級文化之分，根本無需驚懼於外來精緻文化的輸入，因爲那是對我們有益的。然則對外來次級文化的入侵，又當如何預防呢？莫如強化心理建設，一如強化身體抵抗力以防止病菌入侵。既言心理，易言之乃是加強人文修養，而人文修養可分爲內在析辨與外在薰陶兩部分；內在析辨上，應加強個人的道德觀念、人生的意義與價值、明於是非的能力；懂得容忍謙讓，嚴以律己寬以待人……等等。總之，中國固有文化中的美德都應重視，不過在方法上不是教條式的解說，而是父兄對子弟，長官對部屬，執政者對人民，所謂「爲政以德，譬如北辰，居其所而眾星拱之」，是身體力行的示範作用。至於外在薰陶，則是設置博物館、美術館、藝術館……，並舉辦各種藝文活動，其實這是老生常談，但必須持之以恆，天下事本無倖致，必須一步一腳印，何況人文修養豈可速食、急就？因爲中國文化的修養是由內往外的擴散，不是由外向內的制約，所以欲速則反不達。

第三、從教育立場上看，鼓勵研讀中國古典文籍仍不可廢，不用說半部論語可以治天下，半部詩、書、易、禮、春秋何嘗不可以治天下！我們祖先的智慧是不可輕誣的。有許多亙古不變的文化遺產猶待我們去發掘，如此才能肯定中華傳統文化確有優良之處。

總之，在資訊和交通的高度發達下，「天涯若比鄰」、「四海一家」的時代已經來臨，文化國際化是未來必然的趨勢，如今我們急於思考的，應該是如何使台灣多元化的文化具有自己獨特的風格。

原載一九九六年九月《文訊》一三一期

【傅錫壬】文章發表時任淡江大學文學院院長，現任淡江大學中文系教授。

你要把文化怎麼樣？

◎董崇選

文化是人類團體生活的總表現。各種人有各種文化：官員有官場文化，商家有商場文化，勞工有工廠文化，學生有校園文化。男人、女人、老人、小孩、洋人、土著都各有其文化。各類活動也有各類文化：吃有吃的文化，穿有穿的文化，住有住的文化，行有行的文化，其他占卜、醫藥、典禮、信仰、教育、娛樂、休閒，乃至乞討、嫖妓，無一不是文化。文化的種類如此繁多，你要把文化怎麼樣？取那幾種？捨那幾種？揚那幾類？抑那幾類？

不同文化的存亡絕續

文化是會變遷的。不同的時代有不同的文化：舊石器時代異於新石器時代的文化，漢文化異於唐文化，十八世紀異於十九世紀的文化，後現代異於現代的文化；不同的地域也有不同的文化：西洋文化有別於東洋文化，埃及文化有別於中國文化，北部文化有別於南部文化，山城文化有別於港口文化。既然文化必然會隨時空而變遷，你要把它怎麼樣？助長其變異？阻止其遷移？

文化有強弱之分。強勢文化往往抬頭支配，弱勢文化則頑抗被毀或低頭跟隨。今天的工商文化顯然壓垮了昨日的農業文化。目前在世界各地，顯然西洋文化凌駕於各本土文化，在台灣，漢人文化顯然長期踩著原住民文化，在某些場合，顯然流氓文化勝過紳士文化，女人文化取代男人文化，在有些時機，則顯然喝酒文化優於喝茶文化，打牌文化超越打球文化。面對著那麼多有強有弱的文化，你要怎麼樣？扶強欺弱？濟弱抗強？

文化的問題是各種各類存亡絕續的問題。那一種人那一類活動存續下來，便是那一種類的文化流傳下來。如果我們的社會仍然有許多人喜歡早上喝豆漿吃燒餅（或吃稀飯配醬菜），上班時看報聊天，中午睡個午覺，下班後接小孩做飯，晚飯後聽收音機看電視，則那種上班文化一定還會持久的。否則，如果大家變成早上喝奶茶吃三明治，上班時打卡玩電腦，中午收會錢聽股票行情，下班後逛黃昏市場，晚上進Pub或KTV，則新的上班文化便已經誕生。面對這種新舊文化的存亡，你要如何？全力救亡圖存？或任其死活？

是改革或只是爭權？

政治人物對文化的認識不見得都很正確。他們心中的文化往往只是文藝與民俗等人文活動而已。他們所謂「文化建設」好像只是在弄一些文化中心、展覽館之類的建築，然後搞一些文藝或民俗活動罷了，殊不知文化涵蓋社會各個角落的各種生活方式，要建設文化便得全盤檢討社會的現況，了解各種族群的需求，然後針對社區乃至國家的整體利益，按活動的輕重緩急，採取必要的措施。比方說，新新人類的飆車飆舞文化，你要把它怎麼樣？踢給警察局或教育單位去處理就好嗎？

政客往往假文化之名而行爭權之責。「文化大革命」就是爭權大拼鬥。「恢復固有文化」就是對抗「摧毀固有文化的賊黨」。如果你不是政客而是政治家，你要把文化怎麼樣？讓文化的美名遮住政治的嘴臉？或讓政治的手臂扶起文化的實體？

許多人講過要改革文化。但文化如何改革呢？辦豐年祭與山胞跳舞？辦卡拉OK大賽與百姓同樂？邀名家來辦演唱或演奏會以便轟動一時？舉行國劇公演或地方戲劇比賽以便保有傳統？搞舞龍舞獅、捏麵、賽陀螺等民俗活動來歡渡節慶？沒錯，那些好像都是方法。但那些能改掉嚼檳榔的文化嗎？能除去送紅包的文化嗎？我們的文化裡頭確實有許多陋規惡習須改革，但你要怎麼辦？光喊喊口號意思意思？光熱熱鬧鬧一陣歡笑？或是想辦法發點言、立點法、行點善、積點德？

讓文化跨越時空

有人發誓要建立文化的新中原。那是多麼大的志氣啊！但志氣要加上勇氣，才能奔走於新舊兩岸之間，志氣也要配上耐心，才能挺身於成敗兩面之際。志氣更需要智慧，才能洞悉「文」、「化」、「新」、「中」、「原」這五字中的秘訣，才能將之整合成「文化的新中原」。你有志氣、勇氣、耐心與智慧嗎？你要怎麼辦？

其實，這個世界眞的已經變成地球村了。在這圓圓的村子裡，硬說那裡是中原那裡是邊緣已經沒有多大意義了。如果你的眼光夠大夠遠，就應該讓文化跨越國界洲界甚至時間界，使文化像物種一樣，在廣邈的時空中進行優勝劣敗的自然淘汰。反正注定要死的文化，誰也救不活，就讓它進入歷史吧。而注定要興的文化，誰也壓不住，就讓它進入現實吧。如果你不甘心，你要怎麼樣？你或許可以稍微修正某幾種小文化的走向，但你能扭轉整個大文化的方位嗎？

原載一九九六年七月《文訊》一二九期

【董崇選】文章發表時任中興大學外文系系主任，現任中興大學外文系兼任教授。

體認自身特質，全面建立文化視野

◎趙怡

文化其實是無所不在的

政府單位陸陸續續成立過許多專司「文化」之職的單位，但這些機構的成效卻很難盡如人意，長久以來大家常為「如何建立理想的國家文化行政體系」等問題感到為難，因為在我們這個極度重視文化的國度裡，究竟應該制訂什麼樣的文化政策方屬正確？在殫精竭慮之餘也未必覓得良方。其實從宏觀的角度來省察，會發現癥結在於「什麼是文化？」此一問題上。論者常因為各人對文化具有不同的認知，而往往得不到共識。但若能撇開較封閉的思考模式，採取較開放的態度來面對它，會發現文化其實是無所不包、無所不在的！

政府單位特別成立一個專責機構並無不可，但事實上文化建設是不可能由一個單位發號施令的，因為無論那一個單位皆是文化的一環，整個行政院都應自視為一個文化機構，試問其中那一個部會和文化無關？例如以古蹟保存為例，教育部、內政部、環保署等單位都有相關業務，在分工日細的今日，要那一個單位總司其職都很難將事情辦得妥貼。總之，文化應該是一種存放於每個人心中的一種質素，生活中、工作中的一切，莫不與文化有關，所以不該用捨去法去檢視，什麼是文化？什麼不是文化？當我們心中出現疑問時，應該以最大的包容心情，全盤納入考量之中，在面對諸事物時，永遠保有一種「文化觀」，才是最重要的！

審視文化差異、體認自身特質

近百年在西潮的強烈衝擊之下，中西文化體用之間的問題，一直在國人的心中縈繞不去，一方面對傳統文化懷有危機感，但若全盤採橫的移植，卻又難以適應。其實經過相當階段的比較，我們對中西文化的差異性應已有了深切的體認。中國人的社會往往以一種「群體生活」的方式表現，人際之間密切的往來，成爲生活的重心，個人的種種行爲往往受到周遭族群的制約，例如以孩子聯考選塡志願或選擇職業，父母的期望、社會的眼光往往會產生決定性的影響；又如已經成家立業的年輕人，經濟上卻未能獨立而依賴家族父母者，也比比皆是；又如中國人辦公務喜歡套交情，同宗、同鄉、同學之間打聲招呼，較之循正常管道更方便、更快速等等。幾千年文化所積澱下來的生存模式，人際間互相往來的交際網絡，重人情、重倫理、輕法紀、輕公序的文化特性，使得整個民族的生存情境，有如蜘蛛網一般相互牽制。表面上看來，似乎群體生活容易使個人特質隱沒不彰，但是長久浸染在這種文化氣氛之中，卻也人人自得其樂，因爲人際關係得宜，使人生活得相當幸福舒適。反觀西方文化模式，大致說來，因爲傾向個人主義，所以人際往來不如我們密切，小老百姓失業就得靠領救濟金過活，不像我們講求朋友之間有通財之義，個性特異的人要做嬉皮、要離群獨居，只要不妨礙他人，幾乎都不會受到什麼干涉。

文化之間的差異確實是存在著，人們因各自不同的文化模式，自然形成不同的行爲規範，其間並無絕對的高下可言，只是提醒我們迥然不同的文化模式，所影響的層面是極其巨大的。台灣在多年前決定發展方向時，曾有兩種主要考量，一是走軍國主義的保守路線，一是走民主政治、自由市場的開放路線。決定走後者的路線之後，幾十年發展下來，台灣社會已逐漸發展爲民主社會，並接受了資本主義社會的生活方式。這樣的發展態勢，是必須借鑒於西方社會的，但是如果枉顧自身的文化體質，一味依循外來文化的典章制度，則效果定然不彰。例如台灣的議會是採行西方的模式，但其生態和效率卻常使人詬病，其實從文化的角度來思索問題就會發現，在各種法條的修擬中，若不依本身的文化習性加以設計，必定滯凝難行。

若以宏觀的角度看問題，法令的層面應該是較屬末節的，法治之上需有政治面的考量，但在二者之上，更應有文化面的省思，因爲光在枝節末稍上計較，猶如在死胡同中繞來繞去，唯有針對著我們特殊的文化特質來設計，我們的民主制度才得以事半功倍。

成立文化研究的專責機構

台灣社會在異質文化的不斷衝擊下，往往形成一種令人不願見到的矛盾情況，一方面仍然珍惜傳統社會的人情味，致令公權力不彰；另一方面又因個人主義盛行，使得在追逐物質條件時，不擇手段卻不以爲忤，這種只吸納西方文化糟粕的情形，使得整個社會的理想性極爲淡薄，而形成扭曲變形的惡質文化。在這種情況下，徒法不足以自行，政府單位應成立文化研究的專責單位，投資於文化差異等等的研究計畫，只有當我們明白不同文化的質素後，才能適情適性的選擇良性的部分予以保留，取其精髓，棄其糟粕。例如我們自古以來講究「愼終追遠」，可是放眼台灣社會的喪葬儀式，往往極爲吵雜混亂，無法予人一絲絲肅穆哀戚之感，諸如此類，政府其實可以研究幾套中西合璧的儀式，提供民眾選擇，假以時日，將不良的風氣慢慢導正，使人能見到現代中國文化的精髓之美。

隨著資訊交流日益快速，我們在面對多元文化的時刻，應該努力辨明其間的優缺，選擇其中的菁華，配合本身文化物質來加以實踐，並使其融入我們的生活當中；思考歷史問題時，多從文化層面出發，以文化做爲最高的指導準則，研擬出一套套能具體落實的步驟，邁向良性發展的未來。**（林積萍記錄整理）**

原載一九九六年十月《文訊》一三二期

【趙怡】文章發表時任環球電視台籌備處主任，現任東森文化基金會董事長。

台灣不可以說「不」

◎張錯

中共可以說不，說得如雷灌頂，轟天動地。中共可以不要特惠國貿易身分，大陸人可以說不要坐七七波音客機。甚至，在反西方與反美的「超民族主義」大前提下，中國大陸的知識分子可以開倒門認爲西方批評中國人權太過分，中情局太囂張，好萊塢太流行。

文化建設不是蓋房子

說是一回事，做是另一回事。大陸的知識分子一邊說，一邊抽著「紅塔山」之餘的美國菸草，喝著高粱與紹興之餘的威士忌或干邑。甚至，他們放棄五絕或七律，寫著非常西方的現代詩。

中共可以這樣做，中共可以說不，因爲舊恨新仇，自非一日之寒。近年來美國對中共種種牽制，無論政治、文化、經濟與社會影響，從李登輝總統成功訪美、公元二千年北京舉辦世運受挫、智慧財產權在中國受藐視而令國際側目、到飛彈演習事件而令美艦巡弋台海，都令大陸人唇乾舌燥，民族主義的排外精神更提高了亢奮作用。

但是，台灣不可以說「不」。

當我們冷靜地說文化建設而非文化破壞，尤其理性回顧歷史性的文化發展，我們必須承認四十多年來，台灣文化已經歷過一段非常重要的現代化「變種」（hybrid）過程。容或在優生學上，變種混雜並不純淨；但在文化研究中，我們卻發覺外來質素的侵入、變混（並非壟斷）、與融合，能夠奇妙引發許多文化主義期望而嚮往的「未知」。文化建設不是蓋房子，有了建築師與圖型就可加建。文化是一個不斷存活變動的整體，它無法固定於一個被設計好的認定模型，因爲在「築建」的過程裡，它不斷吸收、容納、變異、混合、與轉移，充滿著多元而流動的「未知」。這正是文化建設的福祉與命脈——假如我們期望著一種優異跨世紀文化的來臨！

本土的本身是一種延伸過程

中華文化爲台灣文化母體是無可置疑的事實，因爲中華文化的存在與變遷，更充滿著變異與融合，而顯得生機勃勃。無疑，當初五胡亂華是民生厄困的、佛學東來與翻譯也曾一度讓儒生們心惴惴然的。然而鴉片戰爭後中國的大門被敲開了，西潮東漸，蔓延神州大陸，西書中譯與科技文明密不可分，五四白話文學的演變發展，都說明二十世紀文化建設的契機，是在於與西方文明的融合而非排斥。

但是，提著火炬走在最前面，在黑暗的一步一腳印裡去照亮及尋找前方，心情是不安而懦怯的。當旁邊的人用異國語言而非自己母語來提點或導引時，更是另有一番滋味在心頭的。可是在中華文化的演變過程裡，又是有著何止千百的典故或傳說，證實忍辱般若，終於能夠波羅蜜多。所謂「本土」，其實當從腳底的本土跨出第一步時，腳下早已非本土了，由此可知，本土本身就是一種伸延過程，它必須不斷擴張自己的「領土」，和別人的本土接觸，交雜、融合、變異。其實，進入廿一世紀，由於電訊世紀來臨，文化上的領土完整或固有利益已經夕陽殘照。電腦的國際網路有如一身是膽的趙子龍，出入於全世界文化的千軍萬馬，如入無人之境。冷靜而有遠矚的文化建設者會非常機智的打開電腦，而不是封閉畫面。

不要害怕維琴尼亞．吳爾芙，她不是一匹狼。她其實是一個非常優秀而國際性的小說家。不要向美國說不，不要向西方說不，不要向全世界說不，更不要向自己說不，在台灣跨世紀的文化建設。

原載一九九六年八月《文訊》一三〇期

【張錯】文章發表時任美國南加州大學東亞語文學系系主任，現任美國南加州大學東亞系及比較文學系教授。

文化與國格的反思

◎洪銘水

近十年來台灣的經濟起飛頗引起國際間的稱譽。跟著是民主化的腳步也加快了。台灣在政治上已經從威權時代過渡到民主時代。其間，雖然不是沒有一些人付出了慘痛的代價。但是，總算不必經過流血革命就達成了。對台灣的居民而言，實是一件幸事。民主化是現代文明國家的重要標幟，而經濟的提升，社會秩序的上規，教育的普及，與文化的精緻，更是不可或缺的附帶條件。台灣在甲午戰爭之後，曾於一八九五年成立亞洲第一個民主共和國。可惜，只是曇花一現，就落入日本殖民的統治中。今年在一百零一年之後，台灣才眞正成爲民主國，爲漢民族有史以來，第一次由人民直接選擇他們的領袖。這是了不起的歷史事件。往後如何建立國格，應該是這個新社會的一個重要的課題。

文化上缺少自我意識的「格」

然而，台灣目前政治、經濟、社會與文化的形態，在這個轉型的歷史階段中，由於過去的包袱，價值的混亂，與未來的迷惘，處處呈現矛盾的現象。尤其是文化上缺少自我意識的「格」。而這個「格」

字包涵了上自國家族群，下至個人。無論是縱向的傳統文化的繼承，或是橫向的西方文化的移植，都出現怪異的變形。在精神上不是過分自卑，就是過分自傲，永遠達不到平衡點。今後如果不能對此加以反思，則恐怕無法在地球村裡堂堂正正做一個有自尊的人類，更不用說想做一個有文明的族類。

在政治民主化的過程，我們雖然也學習西方的模式，透過選舉產生民意代表。但是台灣的買票方式，卻是獨步世界的怪胎。過去的黑箱作業，似乎已隨著威權時代的結束而式微。但是耗費千百萬元的競選費，如賭注一般的投入，其去民主的眞諦何其遠，過去有貪官污吏，今天的民意代表以黑白掛鉤爲能事，不以代表民意或公益爲其職責，而是以炒地皮，關說建設工程，從中撈回本錢爲首務。犧牲的是選民長期的利益。然而，我們的選民又是如何看待此現象呢?大家都心知肚明，但仍然因循慣性，一到選舉，還是照樣接受買票，看情面，而非分辨賢能優劣。則無怪乎有流氓議員，炒地皮議員的出現了!過去的議會，代表們唯唯諾諾如大富豪之家丁；今天的議會，動輒粗言穢語，大打出手，失盡尊嚴，外國人從媒體上看到都瞠目結舌，而國人卻見怪不怪，無動於衷。這就是兩極化的一例。

把常人當賊／把賊當常人

上行下效，在社會上到處可見違建違行的現象。房屋的往上與往外加蓋，造成危樓與窄化道路的惡果，住宅與商業的區分，未嚴格執法，影響社區的生活品質，沒人敢干涉，任其違法，社區的約束力盡失。上下一致取巧。我們道路上的交通，更是無法無天。我不知多少次看到計程車闖紅燈；汽車在高速公路上搶路肩；還有就是車禍（通常是機車）。

對於高速公路，我一直不解的是，當年設計的時候，爲什麼把收費站設在高速公路當中，而不是交流道的出口處。從台北到高雄僅三百五十公里卻有十站之多。換句話說，車行每三十五公里（或二十分鐘車程）就得停一次繳費，還不算排長龍等付費的時間，這樣在設計上的不合理把「高速公路」變成了「低速」公路。一向善於變通因應的台灣人，當然就以超速以及搶肩道來彌補。其結果是聰明人走捷徑，老實人讓路。久之，不想永遠吃虧的老實人向聰明人看齊了。這使我想起一位新上任的立委，剛開始每會必到。後來發現大部分的人並不出席現場，而是坐在自己的辦公室裡，一座電視機傳播官員的現場報告，這樣既可以看報或做自己的事，也可以串門子聊天。一到需要他們出席現場投票時，就會有鈴聲來催促他們出場，極爲方便。兩個月之後，他也就不再孤伶伶地坐在會場上聽報告。見「賢」思齊了！

我們的道路上雖然有測速照相機，但是道高一尺，魔高一丈。很多私家車內都裝置了警告系統。「帥哥，小心！」有了這個法寶就可以安心違規超速或闖紅燈了。這跟立法院的鈴聲一樣很方便。另外一個常見的現象是開車的人把垃圾往外扔。我們不禁感慨：這二、三十年來，台灣的義務教育從六年提高到九年，竟沒有培養出最起碼的做一個公民的「格」來。這不是教育的失敗，是什麼？台灣從威權統治過渡到民主自由時代，前者把常人當賊，後者把賊當常人。連教育界的人，都認爲無法改變這種現象。要改變的，反而是我們看不慣的人要入境隨俗。公德心的不被重視、社區的環境一再地被破壞，而沒有人敢出來管閒事，發揮群體的壓力來維持公義，大公寓裡的各家各戶，只掃門內地，把臭鞋子堆到門外，垃圾丟到走道，就是一個很可玩味的習俗。如此，則美麗島變成垃圾島也就不太奇怪了！

著眼文化的心理建設

在精神的層面上，現在各種宗教大興其道，幾乎是百家爭鳴。寺廟也收割了不少財源。紅紅綠綠的廟宇在平地、在半山腰，一個一個蓋起來了。奇怪的是，遠看，它仍然沒有使山川增美。近看，每根柱子，每片牆壁都刻有捐款者的姓名，令人眼花撩亂，宗教的肅穆之感，頓時被這俗氣一掃而盡。據說，這些神固然要保佑信徒的平安，也要當六合彩賭徒的顧問，做不靈也有被砍頭的危險。另外一些沒有廟公看管的小廟櫳，竟然也有鐵柵鎖住，裡面的神像被監禁了。當然這是信徒們的好意保護。但是令人費解的是，這個需要人保護的神，還能保護人嗎？這又是矛盾的一端。

台灣現在有不少賺了大錢的商人，可是錢都花在聲色犬馬的娛樂上，而不是慈善機構。台灣有全世界最豪華的理容院、KTV等，發揮酒色財氣的地方。送葬有電子花車、脫衣舞，悲喜不分的噪音沿街播放，令人無奈這是那一門子的新習俗？台灣的新文化總不能讓這些奪取了代表權吧！

今後，如何建立個人的與群體的「格」，如何著眼文化的心理建設，應該是跨進廿一世紀前夕值得反思的課題，而政府的大力支持民間的藝術文化活動，才是轉化國民氣質的唯一道路。至於具體的方案，則有待集思廣益，做更進一步客觀與微觀的探討。本文僅只提供一個思考的著眼點而已。

原載一九九六年八月《文訊》一三〇期

【洪銘水】文章發表時任東海大學文學院院長，現任東海大學中文所兼任教授。

讓我們回歸到文化的基本面

◎閻振瀛

在此國內政爭不斷、景氣低迷、失業率步步高升之際又要來談「文化」，直教人感到不切實際，臉紅心虛。不過，若往深一層去想想，「文化」猶如土壤，什麼樣的土壤適合什麼樣的作物，有其科學的眞理性。一般而言，要改造土地上的作物，治本的方式是應該從改造土壤著手；就國家社會而言，其實一切問題都是因爲文化問題而生，一切問題也理當由「文化」的層面來切入解決。

從文化層面思考解決問題的方向

最近新內閣的「新人新政」，提出「提升國家的競爭力」爲施政的總目標，這涉及到改造國家的體質問題，說得有血、有肉、也有骨頭一點，若眞要有效地去提升國家的競爭力，歸根究柢的入手之處，恐怕還要和「文化改造」扯上關係。如果不能以「文化」這個大關大節切入施政，便觸及不到問題的中心；多少年以後，我們就會發現今日忙得人仰馬翻的施政措施，都是「不切實際」。理由很簡單，因爲只是片面希望看到「作物」的成長而忽視了去關懷「土壤」，根本就違背了「生態原理」。

民選總統、副總統以後，由李總統帶頭很想展現有氣勢的企圖心；然而，似乎事與願違，目前予人的感覺，政府各部門好像都在手忙腳亂，甚至手足無措。在這種情形之下，不僅就會令人想到，是不是又到了應該反省一下涉及「本末先後」的「方法論」的時刻了。我說這話的意思，是想再提醒大家想到「本立而道生」這句話的意義，也就是讓大家再從「文化層面」去思考解決問題的方向，「文化」才是眞正的基本面！

新時代應有其「文化生態」

一般個案，在方法策略上用對了就會有「看得見」的績效，但若談到什麼「經營大台灣，重建新中原」這一類的特大「開士」，實質上根本就是一個文化「大革命」。在中國的歷史中，最成功的一次革命，恐怕要算是三千年前的「湯武革命」了。湯武革命之所以是一次成功的革命，主要的原因是因爲在文王、武王所發動的軍事、政治的革命成功以後，還繼之而有周公制禮作樂文化革命的成功，一舉而建立了古典時期「中國文化的生態」，成爲其後國家社會發展的基石。嚴格地說，後世的一些換朝換代都算不了什麼，只不過是在那塊既有的中國文化大地上，一朝天子一朝臣的起起落落而已。一直到　國父孫中山先生所發動的「國民革命」，在中國歷史上才算是眞正具有「文化」意義的革命；可是因爲繼政治革命之後，新時代的「文化生態」一直未能建立，所以到現在還是停留在一個「革命尚未成功」的階段。展望未來，如果國人圖謀解決國家社會問題而不能回歸到文化的基本面上去思考反省，看來還是成功無望。

我是學戲劇的，我深知戲劇藝術與舞台之間的親密關係；因此，當我使用到「文化生態」一詞時，我會想到那是一個適於編劇、導演、演員及各個單項藝術家溝通、創造演出的「整體劇場」情景。所謂「生態」，就是每樣事都有關係；關係的「根」處，便是無法分割的「生命成分」。因此一位優秀的導演，他的心思並不是用在去統治掌控一個舞台上，而是引導自己通過一個生態狀況去解放舞台，釋放出舞台的威力。實則一個導演的素養和知識，只不過是幫助他去體現一個生態的情況，而不是以一些先入為主的理論、觀念和教條去製造舞台上的死角。

生態學上的信息是這樣的，如果我們把大自然界的「多樣性」減低，我們就會削弱了大自然的統一和完整，也就跟著把構成自然的和諧和長久賴以平衡的力量破壞，使世界不再適合高級生命的存在。這樣我們就可以得到一個啟示，不管大小單位，一位領導者的責任是「協調」，而不是隨心所欲地去「再造」一個生態系統。

其實，生態學也是提供一個整體考量的宏觀意識，而「文化觀」最具備這種特質，不然當面對問題時，都是頭痛醫頭、腳痛醫腳，稱不上是眞正的「對症下藥」，最後勢必會引發一連串的「併發症」，弄到不可收拾。

惟精惟一，允執厥中

另外，我們可以看出來，生態所展現出來的「秩序」和「平衡」，無異也是充塞天地的「中道精神」。在物理的世界，「中」是一個力學上的支點，用來維持秩序和平衡；在人文的世界，「中」則代表著協調溝通的功力；而在精神的世界，「中」便是一種最高級的智慧狀態。據說當年堯將要把皇位傳給舜的時候，曾以期許的口吻告訴舜說：「道心惟微，人心惟危，惟精惟一，允執厥中。」等到舜又把皇位將要傳禹的時候，似乎也再沒有什麼新經驗、新智慧，還是說了這麼幾句陳腔濫調的老話；因爲「道心惟微，人心惟危」，所以特別期許他「惟精惟一，允執厥中」。然而就今天而言，「文化生態」就是國家社會治亂的基本面，倘若我們缺乏這種文化意識，不從「基本面上」去切入思考，實在無從「惟精惟一」，也就根本不可能「允執厥中」了。

所謂「執中」，就是堅持「中道」；「中道」就是生態的平衡與秩序，也就是一條可以左右逢源的「康莊大道」。西方有句諺語：「In the Middle of difficulties Lies the oppertumity.」言下之意，誠然世路艱難，但是對「中道者」卻永遠留有生機！

原載一九九六年八月《文訊》一三〇期

【閻振瀛】文章發表時任成功大學外文系教授，現任成功大學外文系名譽教授。

文化的「產業升級」

◎杜十三

文化就是生活的價值觀

長久以來談文化問題時，大家常思考的方向不外乎是「政府應該制定些什麼樣的文化政策？」或是「如何從事文化建設？」等等……，而這些思考的角度卻往往無法得致令人滿意的答案，究其原因，其實在於提問者的預設心理應有所調整才是。「文化」並不是一種具有一致性，可掌握住，又可加以硬性塑造的物體，而是由生活中一點一滴逐漸累積下來的價值觀，其間所蘊涵的是人們自古至今累積的智慧和經驗，不同的生活環境、不同的民族心靈，經歷歷史的淘洗，各自形成其獨特的文化特質。所以面對文化問題時，應該用一種疼惜的心情予以珍視，體會那些人文化成的一點一滴。

近來隨著大環境氣氛的改變，台灣本土文化的意識抬頭，但是囿於許多意識形態的糾葛，其中有些過於偏狹的意見，加上有心者對文化詮釋權的爭奪，使得本土文化無法用一種較包容與全面的方式予以接近，而產生許多不必要的限制與盲點。所以要談文化必先在心態上掃除與意識形態掛鉤的習慣，並以歷史的眼光與社會科學的方式加以處理，培養一種涵容大度的文化心靈，相信這才是面對文化課題的第一步。

台灣文化的骨脈與新血

只要稍爲對台灣近四百年的歷史進行瞭解，明清時代中原文化以及荷蘭人、西班牙人等外國勢力的涉入，可以視爲台灣文化的前型，在一些古蹟遺址中，至今仍遺留不少痕跡。而近百年來日本的殖民文化、國府遷台後帶來的大陸文化，以及大量強勢的西洋文化之移入，才逐漸形成台灣的總體文化。從中細加體察，我們會發現其實漢文化的成分仍是其中的主要構成物。以佔多數的閩南族群爲例，其先民多從泉州移入，而往上追溯，泉州的住民又是從杭州遷入，再向上溯源則會發現其先祖，則是在中華文化發源地之一洛陽、開封居住的人民。所以由此可知，爲什麼在台灣的一些民俗活動中，如祭拜與嫁娶喪葬時，會發現其中許多儀式竟是源自周禮，所以說其骨脈與中原文化是相連不斷的。

而到了後住民時代，若要爲下一個世紀的文化面貌，描繪一個輪廓，從現有的發展態勢來觀察，可以說基於後住民時代特殊的生活經驗所發展的文化樣貌，將佔五分之一，中原文化佔五分之一，而西洋文化因其在這塊土地所呈現的優勢，將佔五分之三，甚至更多。事實上西洋文化的強勢，配合上經濟力量的莫之可禦，整個世界文化都已呈現匯流的趨勢，冷硬的水泥高樓成爲所有大都會的一色面貌，文化的自主性日趨薄弱，這樣的情形在台灣也同樣可見。而這樣的情形其實是有隱憂的，因爲文化所保有民族特有的價值觀，會隨著這樣的發展態勢逐漸被泯滅遺忘，而逐漸失去記憶。其實若能保持相當程度的文化自覺就不至於導致此種下場，以日本爲例，日本在西化之餘，仍保持著其神道教的文化原型，善於吸納外來文化的優質部分，以其特殊的文化心靈加以陶養琢磨，有許多值得借鏡之處。所以我們一方面要從歷史的緬懷中去體認自身文化的骨脈，另一方面輸入文化新血之際，也要善加體察其精粗之處，才能保有自己的特色。

用心策劃，讓文化也能產業升級

若我們自我期許成爲文化的新中原，那麼在形塑本身的海洋文化，以及吸納世界文化之際，應該用心策劃一些實際步驟，研究一些方法，一方面能保有自我的特質，另一方面又能用一種國際語言來傳達。例如林懷民的雲門舞集就是極成功的一例，他的舞碼可以取材自我們特殊文化經驗、歷史素材，而用現代舞的方式加以傳達，不但自己可以欣賞，從中使得民族感情得以淨化，透過藝術形式也可將一種民族的感動傳遞到世界各地。又如古蹟的存在，爲什麼是文化當中相當重要的資產，因爲古蹟所代表的正是一種「時間的環保」，保護古蹟，正是在保存著我們文化的記憶，當一個人面對古蹟時所興發的思古之幽情，那種情感的教育，是很難用其他方式所取代的。

其實有許多技術性層面的問題，如果能夠用心去改良，相信一定能收效卓著，譬如說，現代人生活空間雖然相當密集，但是鄰里之間互動卻很少，其實是可以加以設計的。現有的里長只在各種政治選舉時發生一些作用，而其實在推動社區文化時是很值得運用的人力資源，例如台北的大龍峒，因其生活空間的特殊性，里民間的往來頻繁，便營造出相當特殊的社區文化，很值得推廣。聯合幾個里設置一個區長，專司文化活動的推展，也應是可行之途。另外如文化中心的聘任制度，也可做些調整，不由考試院來主持，可以由文建會等單位負責甄選任命，以注入專業的活力；或用立法的方式，促使企業界回饋藝術界等等，都是可行之途，相信能達立竿見影之效。更長遠的打算，則是從教育扎根，讓人們擁有文化知識，進而懂得為文化做環保。進入下一個世紀後，資訊的革命，傳媒的多元，將使得人類的腳步更快，視野更廣，若工業界的產業升級能為人類帶來更優渥的物質環境，那麼希望我們的文化也能在我們投注關心之下，得到升級，而使每一個人能活得有根、有滿足、有希望！（**林積萍記錄整理**）

原載一九九六年十一月《文訊》一三三期

【杜十三】詩人。

從小處著手，爲文化增添新生機

◎鄭淑敏

文化貴乎自然生發，需從生活中體會

只要翻開歷史的扉頁，立即會感受到所有文化的形成，都在生活中自然生發，其與一個國家政治勢力的興衰與否並不一定成正比，有時甚至泯除了國界，變成是一個地區中的產物。以文學藝術爲例，藝術家們無論是對大自然的慨嘆、對生命的靈動或對人世的興嘆，都凝結自一種對自然的感悟，沒有人可以自封爲創作者的導師，也沒有一定的律則，暗示人們何時何地就應該產生何種文化。文化可貴之處就在於它那種獨特心靈的構作，也因著人們在生活中能不斷的摭拾，才能在不同的生活經驗中累積出粒粒文化的明珠。就因文化源於生活，所以對文化的保存工作最佳的人選，便有賴於民間的自覺，因爲民眾最親近於自己的生活，能品味本身文化眞正的酸楚與甜美，所以在選擇和保存上，才眞能融入其中，而避免遺珠之憾。

台灣有著特殊的因緣際會，所以現在正呈現著一種多元文化眾聲喧嘩的處境，在看著明華園歌仔戲的同時，也可以哼上幾句京戲，甚至在茶花女的詠嘆調中一掬同情之淚；一股西洋風吹來令人心醉的披頭四的情歌，若興頭不小，還儘可隨著麥可．傑可遜的舞步盡情嘶吼；而東洋風吹來，阿信更成爲新時代的女性舊典範。吃速食、唱卡拉OK成爲一些年輕孩子的最愛，若所有情況不如人意，還大可自創一個另類，自行過過當教主的癮。另外拜科技之賜，利用電腦網路，不但能知天下事，甚至能和天下人對話，這些生機勃發的一切，都是文化的一部分。面對這一切紛至沓來的滾滾洪流，會發現地球村並非虛擬，而是在台灣生活能感受到的實境。在這樣的情境下，我們應該以做爲一個台灣人也是國際人的態度自我準備，用一種涵容的眼光來珍惜所有的一切，如此一來才能呈顯屬於我們自己的文化特質。

政府應「長而不宰」，抱持成全心態

政府往往爲擬定文化政策而傷動腦筋，事實上正如上面所敘述的，文化貴在民間的自發性。若政府以某種意識形態加以干涉或指導，便注定其失敗的命運，因爲創作活動應是極自由的，政府管得愈多愈綁手縛腳。因爲文化在生活的流動之中，自會產生一種平衡，也必會自尋出路。相信任誰也不希望由於某種意識形態的宰制，而使得文化流於一種樣板的姿態。所以政府的角色扮演，原也無需費太大力氣，可如中國道家哲學中所說「長而不宰」的境界，當它向政府尋求幫助時，可助一臂之力，而平時則常保樂見其成的心態，相信政府便能扮演好自己的角色。

努力實踐，由小處做起

台灣的文化工作，藉由一些有識之士的自覺，已經有了一定的成績，如宜蘭文化中心的努力，大家有目共睹，新港文教基金會也做得有聲有色，這些單位嘗試著將一些傳統的地方文化重新整理，並賦予許多現代活力，的確讓人耳目為之一新。從傳統中找尋材料，進而配合上現代精神是相當可行的，例如舊有的一些表演方式，或許因社會形態改變，不能用舊有的方式演出，但藉由新的科技媒體的幫助，重新編排，往往又能成為極富新鮮感的新作品。只是目前這些成果卓著的團體只呈現點的分佈，數量尚未成為線及面，這就有賴民間大量的自覺行動了。此外像中視公司本著企業對於地方文化加以回饋的精神，積極的加入南港區的社區活動，並盡量開放可利用的資源，希望能以實際的行動，從能力所及的範圍做起。若人人能從小處著手，放棄以往將文化工作流於口號的作風，相信不久的未來，關心文化的團體會愈來愈多，最後能串聯起來，形成多元的文化風貌。（**林積萍記錄整理**）

原載一九九六年十月《文訊》一三二期

【鄭淑敏】文章發表時任中國電視公司董事長，現任成長文教基金會董事長。

談今後文化發展方向

◎沈清松

第一任民選總統、副總統與新內閣都已就職，國家發展又踏入了新階段，今後應可放開胸懷，進行大格局的文化創新。大體說來，今後的文化發展方向，應在於擴大援引大小傳統文化資源、活絡兩岸文化交流，並進而發揚中華文化的普世性。

首先，應致力於擴大援引文化資源。前此文建會所進行的社區文化運動，是文化落實與扎根的工作，固然也很重要，但畢竟是基層的文化建設，對於建設台灣成爲「文化新中原」而言，仍遠爲不足。今後若欲致力於大格局的文化創造，援引大小傳統文化資源，例如歷代的建築、音樂、繪畫、服飾、器物、制度、生活智慧、美學、倫理、哲學……之中，有多少可以成爲工業設計與生活規劃，甚或種種物質文明與精神文明創造之參考。文化是由下而上自發的交往、創造、生活的歷程，越是自發的文化發展越能成功。今後社區文化運動與大小傳統文化資源的援引更應爲文化自發性奠定基礎。尤其應張舉大理念，鼓動大風潮，興起自發的文化創造，使台灣眞正成爲中華文化的新中原。

其次，應活絡兩岸文化交流。文化因著民族、語言、地區、歷史、社會等而有其特殊性。一方面中華文化在世界文明中有其特殊地位，形成中華兒女生命意義的核心，這是台灣大小傳統文化資源所在，也是兩岸共有的文化基礎。無論是江澤民的「江八點」或李登輝總統的「李六條」都強調中華文化是兩岸交流的基礎。今後兩岸交流應多強調中華文化因素。過去太強調政治、經貿與科技，並不能增進雙方理解。「江八點」雖強調中華文化是兩岸交流的基礎，卻也未能在中華文化上提出主動作爲。今後兩岸應透過中華文化，活絡兩岸文化交流，尤其透過兩岸人文學者，賦與中華文化新詮；透過兩岸社會科學學者，探闢未來兩岸可憧憬的共同社會圖像。

最重要的是，今後應發揚中華文化的普世性。中華文化不能自憐，也不能自誇，卻應致力於普世價值，而且世界上好的文化價值，也很快會被我們所接受。關於文化的普世性，台灣在七十年代工業化加深之後，而大陸則在改革開放，尤其晚近在市場經濟衝擊下，皆受到現代／後現代文化之影響，尤以大眾文化爲然。這是一個難以避免的大趨勢。目前世局雖已進入後冷戰時代，但中共方面仍持守圍堵和和平演變的國際情勢知覺，並以反資產階級自由化和清除精神汙染爲手段，提防西方和平演變。台灣雖是中華文化在現代社會的實驗室，也可作爲中華兒女吸取現代／後現代文化的典範，並扮演中介者的角色，可供大陸參考。但台灣所中介者應爲現代文化之普世性價值，而非作爲西方圍堵中共或和平演變的馬前卒。這是我們應有的覺識與分際。

我們的希望在於致力於創造具有普世性價值的中華文化，而不在於以重現地方文化色彩爲已足。知識分子與文化工作者應避免封閉在地域意識中構築文化美夢，卻應覺識中華文化是本土文化中的最優因素，進而立基其上，共同創造足以鼓舞中國人面對現代／後現代挑戰的理念體系和文化表現，使其既出自民間生活，又能體現於民間生活；使其出自本土，又能達至普世。今後的文化發展應不斷自我提升，不斷自我豐富，不斷自我擴大。如此一來，文化不只能提供人民創造欲的滿足，整合並陶煉社會意志，而且可以媒介價值理想，提升國民素質與心靈涵養。

原載一九九六年七月《文訊》一二九期

【沈清松】文章發表時任政治大學哲學系教授，現任政治大學哲學系客座教授。

輯二

傳統與現代的對話

「文化建設」的困惑

◎呂正惠

文化建設是長遠的事。俗話說：「十年樹木，百年樹人」，這「樹人」當然不是指把人養大，形體魁梧壯碩，而是指精神狀態健全，這「百年」當然不是指一代，而是好幾代。吃速食麵、開速成藥方，都無濟於事，「建設」並不等於建房子、建大壩，可以在預計的時間內完成。

所以，與其說「建設」，還不如說「檢討」，較爲有益。因爲大家都在說台灣文化如何如何，好像已經好得不得了，只是如何宣揚出去，好讓人知道；或者只要加一點小工程，就可臻於極致，而努力求取這「加一點」應加在什麼地方。這樣的想法我都覺得其實有礙於「文化建設」，這不但求速成，而且還不知道我們的根底其實還差得遠，再這樣做下去，恐怕是越來越背離本來的目的了。

譬如就說「本土文化」罷。這二十年來，大家都在挖它的寶，每挖出一塊磚一片瓦，大家就驚嘆，挖者就得到獎賞。其他的，不管是東洋的、西洋的，或中國的，大家都吝於稱許，好像一稱許了，就會「壓抑」本土文化。究其實，本土文化到底積存了多少，實在不能沒有迷惑。

又據說「本土文化」所以出不了頭，是被中國文化壓住了，所以，不論是在教科書上或考試出題上，就努力的增加這個，減少那個。至於這個「本土文化」除了在「文化保護」的範圍內存在，其餘生活面是否全被美國生活或日本生活淹沒無餘，似乎大家覺得不是問題，這也是我所不能理解的。

在基本觀念上，最近二十年這個「文化建設」的想法，實在出乎我的知識範圍。基本前提既然無法捉摸，當然也就提不出一丁點具體建議，只好解釋一下我的困惑，算是勉強交差，說了等於沒說，或者比不說還糟，於人於己都不好，所以趕快結束爲妙。

原載一九九六年九月《文訊》一三一期

【呂正惠】文章發表時任清華大學中文系教授，現任淡江大學中文系教授。

文化的本土與傳統

◎周鳳五

問題的歷史也就是歷史的問題

自晚清民國以來，老中國的自我調適已過百年，然而時至今日，許多當年前進知識分子提出及面對的老問題，彷彿比他們所提出的答案更具有自我調適的能力，它們仍然硬朗的存活著，見證了「問題的歷史往往也就是歷史的問題」這句老話。鴉片戰爭以來，傳統中華文化就一直處於一種深沉的生存危機之中，也使得傳統文化的擁護者，不可避免的陷入集體的文化焦慮，傳統／西化的論爭也一直延續著。

在現代化持續深入的現代世界中，在文化的領域裡，往往可以輕易的看出一個始終並存的兩極：一端是深受西方文化濡染的「高等華人」，另一端是彷彿抱著存亡繼絕之志的現代「文化遺民」。不管是哪一端，在對待老祖宗的遺產上，大部分都自覺或不自覺的把它客體化、讓傳統文化以物質的形式展現（不論是一首古詩還是一塊甲骨），彷彿非如此即不能具體的掌握它。

讓傳統文化和人的生活有機結合

在現代中國人的意識中，傳統文化的存活方式，因而也早已被有形或無形的博物館化，再難以在民眾的生活世界中活生生的自然生長。就這一點而言，做為中國的「原住民」之一的漢族的傳統文化的危機，和其他少數民族的傳統文化危機，在本質上並無不同。這種被客體化於現代生活之外的傳統文化，它的「外化」本身，標誌了百年來中華文化在帝制解體之後結構上的危機；在失卻了一個讓它的整體性得以維持的強大的凝聚中心之後，文化也面臨了讓它得以繁衍的創生主體（人，子民，中國人）離散化的危機。時至今日若企求再度恢復過去那種讓文化凝聚的政權中心，恐難免於「食古不化」之譏（雖然在許多文化遺老的無意識中，只怕不免還潛存著那樣的「應帝王」的憧憬），若要跨越危機，尋求建設，當務之急還是找出已被歷史化的問題之所在。

「藥方」也可以很簡單：讓傳統文化和人的生活再度的有機結合——相對於文化的客體化，讓文化回歸到人的生活世界中去，做爲人的生活形式而存活著。在實踐上，當然是「談何容易」。它的其本條件之一，即是必須對這幾十年來「國故」意識下，遺老或遺少式多少帶有點玩物喪志、玩弄光景的傳統中華文化研究（存古之學而非適今之學），做徹底的、認識論斷裂層次上的總體反省。這樣的話，則必須繼續深化晚清文化遺民（如王國維）、民國文化遺民（如章太炎）等，企圖借西學和大時代蘊成的世界性的視野，以重構的「國學」視域，把它從故紙堆與出土文物中往現代人的存在本身延伸；批判的接受並修正陳獨秀、魯迅等激烈反傳統的五四知識分子，對傳統文化及傳統中國人所提出的總體批判，在避免全面揚棄的同時避免內部腐化——也在避免內部腐化的同時免於全面毀棄。

本土化的浪潮是大勢之所趨

要談文化的存續與發展，就不能忽略它所置身的環境。然而，在今日的台灣，本土化的浪潮彷彿是大勢之所趨，以被壓迫者的反撲的態勢，撼動著社會整體的脈動，也爲在台灣的中華文化之存續與發展投下了變數——和被當成「外來者」的外省人（不論是第一代還是第二代）一樣，中華文化是否有朝一日也會被當作「外來文化」，甚至還不如過去的異族統治者的文化——日本文化——親切？

然而，從另一個角度來看，本土化的挑戰也並非全然是負面的，做爲一種刺激的要素，本土化問題中凸顯的原住民文化問題，恰可以讓我們反省這幾十年來高壓政治下，被官方意識形態過度一元化的傳統中華文化，至少可以讓我們重新思索五四新文化運動之後，由顧頡剛所領導的古史辨運動及其延伸成果——他們把那數千年被經學、帝制等等一元化的中國上古神話中多元分歧的「時間（歷史）——地理——民族」還原出來，讓那一個時代的時代之子，得以在外來文化以強勢的態勢扣關的時刻，重新認知在古中國文明的始源處，長期被掩蓋的民族衝突與融合的歷史，藉以拆散遺老們對於一元化的中國文化的神聖本質的盲目信仰。同樣的，台灣本土文化的挑戰，也可以讓我們重新認知中國文化，如果想要在斯土存活、生成、發展，就必須和五四時代的中國文化一樣，打破神聖一元化的自戀結構，重新揉和。

以生成觀點來看待本土台灣文化

反過來，如果我們也以一種生成的觀點來看待本土台灣文化（而不是先設定本土台灣文化的本質如何如何），以一種未來的視角——猶如看待考古發掘的「遺址」，而大部分年深日久的遺址，都必然有著深淺不同的文化沖積層，各自銘刻著不同時間性（或民族特色）——所有的地域文化在自然形態上都必然如此，也唯其如此它才顯得豐富多姿。如果盲目的排他，只怕會陷入各種不同的方言族群中心主義，仍然重複了帝制時代漢族中心的排他邏輯，甚至錯認父祖。從這一點來看，對於所有生活於斯土的子民而言，地域上所有的文化支子，都是未來此地地域文化的總體的局部，任何局部的危機也就是總體危機的局部，不可偏廢。從歷史／地理的廣大視野來看，本土文化和傳統中華文化一樣，仍在時間之流中生成著，因爲所有的傳統、所有的「過去」無非也都是生存於此時的人在他的歷史意識下所召喚回來的，銘刻了我們共同的當下時間性。

另外，就政府而言，官僚習氣和官僚均爲文化發展的大敵，行政官僚基本的文化教養、胸襟和品味，如果可以超越制度所養成的官僚習氣，對於國家的文化發展才可能有所幫助，否則再怎麼理想的國家文化行政體系也是徒然，最多也只不過以權勢和金錢，把文化（不論是本土台灣文化還是傳統中華文化）客體化爲官家或國家的文化點綴，高高在上的在位者門面上的裝飾。

原載一九九六年十一月《文訊》一三三期

【周鳳五】文章發表時任暨南大學中文系系主任，現任台灣大學中文系教授。

以正治國・以奇用兵・以無事取天下

為台灣之文化生態及其發展進一言

◎林安梧

老子說「以正治國，以奇用兵，以無事取天下」，旨哉斯言！想想台灣這些年來的社會文化生態，心底總敲動著老子《道德經》這些話語，這是兩千多年前，我們老祖宗的明言，是整個族群智慧的結晶。衡諸今日，尤其值得闡釋檢點。

治國以常道

國家之爲國家，若依近世洛克以來契約論的傳統，是人們依循著社會的契約，締結而成的社會，由此社會之理性而委託一個機構來護衛人民的生命、財產、自由與安全，因而此機構有所謂的行政、立法（包括司法）、對外等權力。如此說來，國家是在一契約理性所構成的社會狀態下所成一個合理的功能結構體，這功能體結構並不是一恆體，不是一恆久不變之實體；而是一經由人民委託，爲了一定作用與功能之權體，是一有期限性的、暫時性的功能之體。它背後最重要的依據是全體人民的理性與公義，若此而言，此理性與公義，我們便可以說是「以正治國」。或者，更平實而明白的說，治國當以常道，而不當以權術。

蓋權術者詭（鬼）道也，兵道也，非常道也。權術者，以其「權」，而行其「術」也。權術是在危機權變、是在非常狀態之下，所行的方法與技術；或者說是在戰爭狀態下所行的用兵之方、鬼詐之術。既爲用兵、既爲鬼詐，這便只有勝負，無有是非；只有成敗，無有義利。古云「以德行仁者王，以利假仁者霸」，至於「以奇用兵」，這分明是鬼詐、是權術，這連「以利假仁」都不必了，它只是赤裸裸的權力鬥爭，勝者爲王，敗者爲寇而已。當然，此勝者之爲王，亦非德王之王，亦非霸王之王，而是鬼王之王。以其爲鬼道，此非生之事，而爲死之事，所以戰勝當以「喪禮」處之，此老子《道德經》慈、儉、不爲天下先之言也。能以喪禮處之，此所以善待其死，而求所以生之道也，此所以免除兵鬼權變之術，而恢復天地經常之道也。

選舉者，「以正治國」之常道也，非「以奇用兵」之權術也。以是之故，選擇乃是處在社會狀態下，依循契約之理性所行之程序步驟也，非處在戰爭狀態，依倚權術、耍弄謀策之鬥爭也。此是「君子無所爭，必也射乎，揖讓而升，下而飲」之爭也，這是生命依其確定性、自主性而有的君子之爭，是依禮而爭；在民主憲政年代，則是依循著契約理性、公民正義而有之爭。此爭是「競爭」，而非「鬥爭」。如此言之，選舉非選「戰」也，乃選「戲」也。

遊戲者，依循一合理之規矩，參與者咸以爲公平正義之程序而行使完成者也。遊戲者，玩耍也，彼此戲耍而不傷情，悠遊其中，如其道理者也。果能如此，則涵泳其中，餘裕豁然，此所以能「以無事取天下」也。如此一來，魚可以相忘於江湖，人可以相忘乎道術。

道術者，如「道」而為「術」也，依選舉之道，而有策略之術也。此選舉之道是為「正」道也，策略之術是為「奇」術也；蓋先立乎其「正」，則「奇」者不可奪，「正」在「奇」先，離「奇」還「正」也。若「正」之不立，相率以「奇」，則「奇」之愈「奇」，斯成鬼（詭）魅之術也。台灣近年來，一般凡俗之見，皆為此鬼魅之術所染，無判準、無常理、無正道，一言及平正經常之理，輒群起而譏笑之，以為不切實際，反相率以鬼魅權術，此政治社會之所至憂也。所當至憂而不以為憂，猶猖狂自恣，以為進步，此最所可悲也。

以文化教養培育調節力量

往者，兩蔣專權，或有其過，亦難免其功，此理勢之所必然；論其何以故！蓋本土儒、道、佛所成之調節性力量有以致之也。正因此儒、道、佛三教所成之教化基底，培養成一敦厚的調節性力量，於此專權有所消化以成全也。在此教化基底下，人們惇厚肫懇，誠勉奮勵，群策群力，所以由開發中國家躋身現代化國家之林。同樣在資本主義核心國家帶動下，何以我台、澎、金、馬可以走出泥淖，度過重重危機，終而成為四小龍之一，此皆原先文化教養基底所培育之調節性力量，內涵其中，以為絪縕，所以成就也。如今，理勢推移，奇變者有之，偏蔽者有之，竟忘此三教之為絪蘊之德、涵化之道，反棄之如蔽屣，或竟視之如古董冬烘，甚而性情虛矯驕矜，唯權力是尚，實堪爲憂也。

須知：苟無先民「開萬古得未曾有之奇，洪荒留此山川，作遺民世界」，又如何可能「極一生無可如何之遇，缺憾還諸天地，是創格完人」。先民之戮力，參贊天地，無所執著，無所染污，此是「以無事取天下」也。以其能稟此敦厚誠懇樸拙之氣，所以爲無事也。蓋無事者，無所執著以爲事也，無所染污以爲事也。能如此所以成就天地之常，有此天地之常，所以能成就「以正治國」，有此「以正治國」，方可「以奇用兵」也。亦因如此，以奇用兵，而可歸於以正治國，終而可歸於以無事取天下也。

須知：奇變之局之爲奇變也，以其奇變終必歸爲平正經常也。願吾島人民稟諸先民渾融、涵厚、肫懇之德，莫忘了「洪荒留此山川，作遺民世界」，莫忘了「缺憾還諸天地，是創格完人」。若爲奇變之勢所奪，憒濍顢頇，不得其平正經常，不問是非對錯，不問義利王霸，徒囂囂然於奇變之局，如此既無天地經常之道，則缺憾如何可以還諸天地，天地不可還，則果眞終爲憾事矣！思之！思之！寧無戚戚然耶？寧無戚戚然耶？

原載一九九六年八月《文訊》一三〇期

【林安梧】文章發表時任清華大學教授、佛光大學哲學研究所所長，現任台灣師範大學國文系兼任教授。

眞知力行自強不息

如何面對「傳統中華文化」之淺見

◎劉欉河

中華文化在亞洲

傳統中華文化，維繫中華民族數千年的命脈，歷經變亂、挫折，仍能屹立不搖，欣欣向榮者，具有其眞理在焉。在行將進入廿一世紀之時，西方有識之士所論「廿一世紀是中國人的世紀」，甚囂塵上；而近三十年來崛起東方社會，被世界公認爲「亞洲四小龍」的台灣、南韓、新加坡、香港，論者也以庇蔭於中華儒家文化之恩澤有以致之。

亞洲國家，自然資源豐富者，比比皆是，如中國大陸、印尼、馬來西亞、日本等均屬之。除了日本於明末得朱舜水爲其宰相源上公之師開始，千餘年來，即沐浴在中華文化之所賜，成爲東亞的強國。二次世界大戰後，聯軍占領日軍，異文化大量進入，發生社會動亂、罷課欺師等道德淪喪的問題。到民國四十一年（一九五二）全日本中小學設置道德教育課程，貫徹「振興道德教育方案」，又再樹立起以儒家道德思想爲中心的道德教育。今天日本各界仍重視倫理，復成爲亞洲最進步的開發國家。其他國家有反中華文化、反儒家的事實和傾向，至今仍徘徊在開發中國家的層次。

至於「亞洲四小龍」台灣、南韓、新加坡、香港，在民國四十年代，平均國民生產毛額僅及二百餘美元，而在數十年內，大步跨越農業、工業化時代而進入資訊社會，一般認爲是由於儒家以仁愛爲出發點，重道德、講信義、愛和平、克勤、克儉美德的發揚，有以致之。因爲，一個國家要持續成長發展，絕不能閉關自守，但若要與世人相交，則其國民道德與信用，是否能獲取世人信賴爲其一大主因。這些以仁愛爲本，講信修睦的事，在中華文化中俯拾即是。

台灣是中華文化的重鎮

中華文化即爲中原文化，應屬黃河流域。中原文化在歷史上曾有數次大遷移，首次即爲五胡亂華，結果胡人雖占有中原，但與漢人經過長期共同生活，其血緣與文化均爲漢人所同化，反壯大了中華民族。今所謂中原文化，應兼有黃河、長江兩流域了。民國三十四年台灣光復，旅居大陸的台籍人士次第返台，不少大陸高級知識分子也渡海來台。到民國三十八年，中樞播遷來台，中原精英、碩彥更是連袂跨海而來，群英畢至，人文薈萃，台灣頓成爲中華文化的重鎮。尤其經過大陸文化大革命，中華民國推行中華文化復興運動之後，台灣更成爲中華傳統文化的繼承者。

但最近由於民主開放，有些政治人士似有藉「本土化」來斬斷台灣與中原文化臍帶的傾向，這與二十多年前美國人熱中「尋根」的意義，大不相同。美國人尋根，依據「根」的作者艾力克斯．哈雷（Alex Haley）的說法，美國只有二百年歷史，絕大部分人都從國外遷入，而他們已不知其來何自，故有「尋根」之舉。

在行將進入廿一世紀之際，在文化發展聲中，我們應如何面對自己具有五千年的傳統中華文化？淺見首先應求「眞知」，即應進一步瞭解中華文化的眞義；然後「力行」。即眞知之後，應身體力行，而且要「自強不息」的來「力行」。

中華文化在生活上的應用

那麼傳統中華文化是什麼？說者很多，都言之成理，且都能自圓其說。其實，文化是生活的總稱，我們都生活在其中，也天天在實踐。現在綜合而言之：中華文化的道統，　國父曾有明確的闡明，他說：「中國有一個正統的道德思想，就是繼承這一個正統的道德思想，來發揚光大的。」中華文化的正統思想確認了，這是中華文化的根本。而其在生活上的應用，也就是前述亞洲四小龍共沐其休的中華儒家文化，略申其義：

㈠**崇尚道德**：道德是人群應當遵守之理法。傳統中華文化，理出了共同遵守的八個德目：忠、孝、仁、愛、信、義、和、平。這八德是中華文化的骨幹及其精神的命脈。很多實際生活上的道理，都從這些德目中演化而來。

㈡**誠實無偽**：誠實是萬事萬物的始終本末，無僞則是正大光明君子的行爲。中庸說：「誠者天之道也，誠之者人之道也。」一個人立身行事，眞實無妄，顯示至誠，則事無不成者。

㈢**仁愛為懷**：中華文化以仁愛爲出發點，主張博愛。凡與我交者，都以仁愛之心相待。所以左傳有「用仁愛來待人接物，以誠信來堅守力行。」

㈣**信義是尚**：信義是成就一切事業的基礎。青年守則說：「信義爲立業之本」。亞洲四小龍皆以國際貿易促成經濟的大幅成長，在貿易過程中，講信義守信用，是保證交易的重要憑藉。這「信義」兩個字，是中華民族永不可失墜的美德。

㈤**勤儉自持**：勤儉敬業是中華文化長期孕育的美德之一。一個國家的國民，人人都能克勤克儉，何患不能形成良好風氣，匯集涓滴以成江河，凝聚財富以舒窮困，進而聚沙成塔，達到富有的局面。

傳統中華文化的精義及其在生活上的應用，概如前述，也就是說我們知道什麼是傳統的中華文化了。那麼我們要如何面對呢？那就要力行實踐，而且要自強不息的來力行實踐。

力行之義，早涵蘊於中華文化之中。易經說：「天行健，君子以自強不息。」這是我們面對「傳統中華文化」，發揚「傳統中華文化」的精神力量了。

原載一九九六年九月《文訊》一三一期

【劉欓河】曾任台灣省立美術館館長，文章發表時已自省美館退休。

形式、實質與傳統

◎馬驥伸

暢銷流行不一定能顯示文化藝術水準

小說或戲劇中刻畫附庸風雅的人，蒐藏書畫古董，並不懂得鑑賞，莫辨其僞，客廳裡可能懸掛出殷人的漢隸、秦人的章草……。其實，縱使這類人士收集的都確是經過專家鑑定的眞品，也洗不掉其人的俗骨。

今日社會，更多混淆的錯覺，許多人家有電視、CD音響、錄影機，時常國外旅遊，走馬觀花看過不少博物館、美術館，還上過歌劇院，自覺擁有科技設備，不斷世界巡禮，便已邁入現代化、國際化的步調，應該已具有相當的文化氣質。

很多人只見其表，不究其實，嚮往古人把酒高歌、淺酌輕吟，便以爲到Pub握杯，就添幾分雅格，KTV狂唱一陣，便有了藝術家豪氣。

有人以爲手握一枝煙斗，就神似林語堂（或許有人想問：林語堂是什麼人？）；留個連鬢大鬍子，就宛若梵谷（梵谷畫像不斷出現在電視廣告和商品包封上，知名度較高）；有些年輕朋友還未在藝術之門下過幾天工夫，就腦後梳一條豬尾小辮，亮出一副新潮大師狀貌。

隨意到照相館拍一張學士照，與認眞讀過四年大學是兩回事，這之間的差距，一般人倒還心裡有數。但在KTV哼吼過一段時間，就以爲可和世界三大男高音一較短長，這一類人，卻比比皆是。

尤其語言文字更易混亂人的感覺，繪畫、雕刻有其特殊媒材，沒三五年功力，連基本線條都掌握不住；已故素人畫家洪通也不是一股心血來潮，就突然揮筆創作那些畫來。但任何人都能用語言說，認識了字，多能綴字連篇，握起筆來，塡了滿紙滿篇，常就自信已是文壇一員健將；當過報紙副刊或雜誌選稿、審稿編輯的，都看過不少這類作品和這些作者的來信。

諸如此類的視野短淺、不識高低的流行病，還不止於一般社會大眾的個人現象。有些公私機構，擺出形形色色的架式，推出變化多端的名堂，原以爲所做的是文化推廣、提升文化水準的工作，但由於只見表相，不重實質，呈現出形式主義作風，而且不辨精粗，反助長社會的流俗取向。

市場競爭，掀起暢銷與流行旋風，更易誤導視聽。通行普及率，並不等於同於高品質、高水準。許多傳世之作歷千百年不朽，代代輾轉傳遞，累積起來的流通程度，往往比不上經行銷人炒作，傳播媒體喧騰而轟動一時的暢銷流行作品，品質如何，是另一回事。暢銷的作者，能掌握吸引了廣告受眾，自有其高人之處（雖然其間有行銷者及媒體的推波助瀾），也很値得敬佩。但暢銷、流行並不一定能顯示文化與藝術的水準。美國奧斯卡五十周年金禧大慶的揭幕詞中，有一段寓意深長的話：

五十年來電影的藝術水準與票房的距離逐漸縮短，是電影工作者和觀眾共同努力的成果。

這段獻詞，值得我們關懷大眾文化推廣與品質提升者，多多深思。

藝術珍品乃前人長期智慧與心力的結果

流行風中的速食文化觀念，也是引人忽略實質、側重形式的一大導因。筆者曾寫方塊就日本料理談論人生的精緻面：

……一次和一家小店壽司檯主廚談到目前流行的日本料理速食連鎖店，吸引了很多顧客，其中年輕朋友尤多。我和主廚的看法，日本料理的傳統精華無法能從這類速食中體味出來，如果嚐過這類速食，就認爲已經領略到日本料理滋味，那是一大錯覺。……

速度不是缺點，因應當前與未來，必須有掌握時間與速度的觀念。但在把握時效與求速之外，不可忽略掉速度所不及的可貴事物。

從藝術到生活上許多珍品，多是長期專心投入經營，凝聚個人多年心血或許多人綜合智慧與心力的結果。莫讓速食觀佔據了我們全部生活，撥出點空間細細品嘗人生中的精緻面。

時間誠可貴，但只知道把握時效、快速利用，是不足的。有些以時間與經驗所累積的，也得以時間與經驗去消化。時間與經驗，正是品質的實在基礎。

說到此處，引發筆者另一種想法：

推廣大眾文化，雖然只有形式，不究實質，是虛浮的，但有了形式至少帶動一些傾向。若是書畫藝作無人問津，大家只知道炫耀金鈔珠寶，那更是文化的沙漠風化悲劇，我們倒還得慶幸，總算古今來有那些附庸風雅的王室貴族和富豪人家，為我們留下了一些精緻的古蹟和古董珍藏，儘管他們並不眞懂鑑賞，卻由於他們的收藏傳承下來，豐富了今日的文化資源。

原載一九九六年十一月《文訊》一三三期

【馬驥伸】文章發表時任中國文化大學傳播學院院長，現已退休。

結合傳統文化與現代需要

◎鄭貞銘

文化反映在日常生活中

文化工作就是國家的心理建設工程，它是立國的根本，也是人之所以爲人、異於禽獸幾希的最重要標準。

一個國家的文化，最容易、也是最自然地反映在國人日常生活中。古人所謂察風觀俗，可知國之興衰，道理即在於此。

台灣的物質生活，隨著經濟飛躍，而有著令人欣羨的發展，但從另一角度觀察，物質社會如無精神文明以發揮其相輔相成之效，就容易產生缺乏生活目標的社會危機。

這種生活目標的缺乏，不僅使人常有焦慮、孤立、疏離的心理傾向，消極地容易有逃避、頹唐、精神失常的現象，積極地更會對社會產生一種破壞的力量。

新任文建會主委林澄枝強調，文化就是一種生活，我十分認同這種詞簡意賅的看法。

物質社會的最明顯特徵，就是商業化。一切以市場取向爲尚。於是報紙不擇手段推銷，甚至以聳動性手法處理新聞，以博取讀者青睞；電視則強調收視率，在黃金檔最寶貴時間播放一些風花雪月，或是武俠打鬥的劇情，不知浪費了多少國家資源。作家們爲討好讀者，作品不免日趨個人化，常局限在小我的領域內自我探索，取材日趨狹窄。

因此，如何在日趨西洋化的發展過程中，面對中華文化的精髓，以理性的態度，融合東西方文化與中華傳統文化，以謀求生活的和諧、圓融，乃是當今文化建設聲中最重要的原則。

首重家庭倫常道德的培養

中華文化經緯萬端，其最重要的是首重家庭倫常道德的培養，並進一步講求群己關係的和諧，期使民族自信力與自尊心的發揚，屆時自然導致社會的融通與圓滿。

筆者最近訪問加拿大與美國，聽到一個眞實的故事：一對父母用一生心血培養孩子完成學業，但孩子成長後不顧父母生活，更別說噓寒問暖。下一代認爲，撫養父母不是他們的責任，而應該由社會福利支付，因爲他們已交稅給社會福利機構。父母說社會福利不夠用，他們竟然說：「你們不會省點花嗎？」氣得這兩老終日以淚洗面。

西方文化重視效率，但也過於現實。因此在某個角度看，人與貨品似乎沒有兩樣：種種委屈個性、投合時好、哄抬身價的作爲，成爲理所當然。

但，這眞能帶來人類的幸福嗎？實又不然。我們看許多教育程度高，社會福利好的國家，其國民自殺率也特別高，原因很簡單，他們生活得太無聊了，不曉得活著幹什麼，也不知道明天的希望在那裡。

筆者在溫哥華看到許多年輕力壯的朋友，排長隊等著領救濟金，就是不肯去工作。

人人如果都講求現實功利，每天陷於追求慾望的深淵，則社會自然缺乏主動力量以鼓勵並培養欣賞精緻文化的性向和能力。

中華文化與思想，追求的不只是個人的短暫的、享樂的人生價值，更進一步希望貢獻一己之力，以求得社會的圓融、進步與和諧。

結合傳統文化與現代社會的需要

中華文化強調「爲而不有」，「正其誼不謀其利，明其道不計其功」。這正是群己關係與個人修養的極致。今天提倡環保生態的人，事實上也強調「地球只有一個」，我們爲社會作出貢獻，不全然是爲自己，也爲了子子孫孫，這豈不就是「前人種樹，後人乘涼」的例子？

我個人也同意在國際資訊暢通的今日，事實上文化難分國界，尤其是太空衛星居高臨下的姿態下，我們對世界的認知也全然被「控制」。但是，凡是一個有良知的中國人，自然應該對自身的文化責任有所體認，對於這種現象有所憂心。

筆者曾呼籲，文化主權的獨立自主，應該是今天我們應該面對的嚴肅課題。外人文化的長處自然應該加以學習參考，但毫無選擇的「流入」，肆無忌憚的自由，其所產生的流弊恐亦不堪聞問。因此，今日我們的生活中，雖已頗多是外來的，而非我們的傳統，但我們如能利用厚生，自然也就能漸漸吸收到我們傳統的本體裡。

中國傳統文化的基本思想是理性的、中道的、尊重人性的，因此近代西方的民主與科學的文化是可以吸收融和的；反之像反理性、偏激的，反人性的馬列主義就難以與中華傳統文化相容了。

面對中華傳統文化，我們固不宜盲目崇拜，也不宜全盤否定。我們應該以承先啓後的精神，結合傳統文化與現代社會的需要，一方面弘揚中華文化的優點，另一方面開創中華文化的新貌，我們要謀求生活品質的進一步提升，來建設一個眞正富而好禮的社會。

原載一九九六年十一月《文訊》一三三期

【鄭貞銘】文章發表時任中央通訊社常務監察人，現任文化大學新聞系教授。

淺談文化改造

◎王成聖

至賞而不費，天下之士悅

文化是一個民族歷史、生活、美感等各種經驗的累積，它需要時間和心靈的沉澱。它不像速食漢堡、即溶咖啡，可以機構化地大量生產。如果要討論怎樣建立理想的國家文化行政體系，筆者認爲古人已有高明的見解。《孔子家語．王言解》有云：「因天下之祿，以富天下之士，此之謂至賞而不費，而天下之士悅。」主政者應用國家的財富，使得普天之下的才高出眾之士，無不富有與滿足，自然能創作出優美有深度的作品，以陶冶全民。

然而建立了良好的制度，必要知人善任，才能讓國家文化體系得以暢行。

至於社會文化資源的開發，實可借力使力。這應該多求助於民間，不必執著固守於政府的組織運作。譬如社區的動員，已在近來形成極大的影響力，新港、宜蘭都是很好的例子，政府只要在已有的基礎上，將社區文化成功的模式推廣到其他社區，並提供適時、合理的援助，屆時風起雲湧，將匯整成莫大的力量，而移風易俗，不正是這種過程帶來的最大效益！

同時，我認爲，若能凝聚各界社會賢達、民意代表、政黨退休人員的影響力，加以發揮，亦可改善目前的社會風氣與文化走向。

讀聖賢書，所學何事？當我們在高聲疾呼加強文化教育，面對傳統中華文化時，必須了解年輕人眞正的需求與感受。

筆者以爲，中華文化有許多好東西，年輕人並不是不喜歡，只是沒有接觸的管道和媒介。優美的古籍需要透過通俗而傑出的解讀人帶領，方能讓年輕朋友領會堂奧之美；古人的學養、閱歷、道德與智慧的精華，也需要領航者的指點，才能融入年輕人的生活中……。如果我們不從年輕人做起，又怎能奢望文化教育的體現與傳統文化的承接呢？可是，在升學主義爲導向的現在，請問，年輕人從何去吸收中華文化的精華？年輕朋友們不是無心，只是有心無力。如果現任教育部長吳京博士的教育改革成功，或許有機會讓年輕人有心有力去接觸、欣賞傳統中華文化之美吧？

圓照之象，務先博觀

《文心雕龍．知音》云：「凡操千曲而後曉聲，觀千劍而後識器，故圓照之象，務先博觀。」博觀，可說是一個人有見識的基本訓練與教育。

其實文化的問題，可以一直繞著這個主軸走。我們現今社會流行的是「淺碟子文化」，什麼東西、什麼事淺嚐即止，不必探究它背後的眞義與來龍去脈。大家關心面子，排場多於內涵、深度，以致風向怎麼吹、「文化」怎麼變，沒有屬於自己深層的結構與氣質。如果人人對自己或家人的基本要求是「博觀」，也許較能欣賞、接納自己文化的好處，而不致被外來文化牽著走。

筆者不是主張自己的才是好的，別人的都不好，而是認爲應該養成一種基本的人格特質與吸收文化的態度和能力。有了這樣的「底子」，就能在各種文化中擷長補短，出入而無不自得。

遺憾的是，目前的教育體制中確實缺乏這類養成訓練。但如果想做，永遠不嫌太遲。

為者常成，行者常至

如果思考政府可以爲文化藝術界做什麼，筆者的想法是，盡量提供一個自由、開放的空間，減少官僚的掣肘與管制。在人事經費上，必須提高現有的編列，把文化藝術當作是國家建設的發展重點。而每一分錢都應花在刀口上。當然，一開始提到的重點是，制定合理、富鼓勵性質的法規，讓文化向上勃興；要找對執行的人，努力去做。

荀子說：「爲者常成，行者常至。」文化的推行，也需要抱持如此的態度。

原載一九九六年十月《文訊》一三二期

【王成聖】文章發表時任《中外雜誌》發行人，現已辭世。

省視語言文化

◎謝鵬雄

抗拒文化本身是一件很不文化的事

侈言「本土文化」成爲近年來的流行，說的雖然是文化，但隱隱約約總讓人覺得這流行背後有些政治原因。「本土文化」原是每一個民族所關心的。但本土的主張若成爲排斥「外來」文化的一種藉口，這是很危險的。

姑不論今日的台灣「本土文化」，其精深度，其博大度是否足以抗拒「外來文化」，即使可以抗拒，抗拒文化本身也是一件很不文化的事情。事實上今日的台灣、洋涇濱日語及莫名其妙的美國話，充斥媒體。美、日的食物、衣飾滿街都是，人民根本沒有一個共同認同的生活意識。甚至「本土」是什麼都還有爭議，侈言「本土」，究竟何益？這「本土」若是連中華文化都排斥，就更令人難解了。

文化，有一大部分是透過語言表達出來的。現在，從官吏到民意代表，肆意以方言取代「國語」。有些人甚至不承認國語，在他們的意念中，「台語」可以與「國語」分庭抗禮，於是各說各話，民主殿堂之上常常粗言惡語到處飛，令人不忍聞問。

「認同鄉土」及「保存母語」與推行國語之間，究竟有什麼不能並行的矛盾？這問題想來不待社會學家或語言學家來回答，稍有常識的人當知其不屬於同一層次的問題。

我們今天談到「國語」，很多人會說：「不過是當年北京地方的一種方言罷了，爲何奉它爲國語？」這不僅是意氣之爭，也是以政治主張介入語言文化。當年的北京方言，爲何會成爲「國語」呢？這要追溯一段悠久的國語的歷史。

中國自紀元前一千年左右，周朝建都豐鎬（今陝西西安西北），都城地區的語言，即爲全國通行的語言，當時稱爲「雅言」。

當年孔子周遊列國，到處講學，三千弟子來自天南地北，所操語音互不相同，孔子以什麼語言教誨弟子，討論那微妙而深奧的仁義問題？就是使用「雅言」。

戰國末期，縱橫舌辯之士到處遊說諸侯；孟子前後見齊宣王、梁惠王等諸侯王，雄辯滔滔，主張王政，他們用什麼語言？也是「雅言」。

秦滅六國，勵行書同文、車同軌，文字統一了，而語音雖未能完全統一，但做爲國語的語言仍在，當時稱爲「通言」，秦漢以後一直沿用。唐以後通言稱爲「官話」。

元代奠都北京，北京語言爲全國通行的語言，迄今已逾七百年了。約定俗成，根深柢固，人人稱便。蒙古人在中原建立之元朝，不以蒙古話爲國語，而以北京話爲國語，一方面是尊重其通行之久與廣，另一方面也是尊重漢文化的表示。元帝國能在中國領土上維持近二百年的統治，是有原因的。

明清繼續這個傳統，清代的讀書人及官員都說官話，不說官話會被免職。重要的是在這期間，國語發展為通行度廣、辭彙豐富、表達能力高的高效率優雅語言。一九〇六年，清末學者朱文熊著《江蘇新字母》，把漢語分為三類，首類為「普通話」，即為各省通用之國語。民國成立，指定普通話為國語，這個國語，目前地球上有十幾億的人民使用，在數字上為世界第一大語言。

談語言，不能不談語言的重要性

今日要談語言，不能不談語言的重要性及優劣。重要性，源於通行度之廣。以今日的世界而言，英語是最重要的語言，因為英語民族多，非英語民族也有很多國家以英語為第二語言，因此國際通行度高。在國際場合，在觀光地，英語是最通行的語言。

其次，就優劣而言，不但任何方言不能與中國國語相比，就是一個國家的國語也常常不能與另一國家的國語相比。三百年前，法國人就一直看不起日耳曼語。他們認為日耳曼語是野蠻粗糙的語言，缺乏優雅洗鍊的辭彙與表達形式。直至歌德等文學家作品問世，人們才承認德語也可成為文化語言。

法國人是對法語最熱誠、最用心的民族。法國作家阿爾凡斯．杜德（Alphonse Daudet, 1840-1897）所著《最後的一課》敘述法國羅、亞兩省淪陷時老師來上最後的法語課程，極力謳歌法語之美，令人印象深刻，膾炙人口。

法國的文學家及文化人，不斷為提升法語品質、提倡優雅法語、排斥粗惡之語言而做的努力，前仆後繼，及形成今日優美的法國國語及文化。法國哲人巴斯噶說：「優雅的語言塑造優雅的國民，優雅的國民產生優雅的語言」。聞之發人深省。

台語，亦稱「河洛語」，本有優美的辭彙，但今日通行台灣的不見得都很優美，其能記錄的文字也不通行。今日的國語，就其通行度、使用人口、語言的效率優雅，及其所代表的文化厚度而言，是中國人唯一可以用來與英、法、西班牙等語言分庭抗禮的語言，也是比較能發揮傳統文化、創造未來文化，並達成中國人共識的語言。

我們今日若侈談文化，而不注意、不關心所以用來呈現並開拓文化的語言的問題，文化論將落於空談。我們有國語，這是很大的文化資產。當年美國人與英國打仗，宣布獨立，而仍使用英語為國語。因為他們深知以政治干擾文化之不可行。美國終成大國，英語也成美語，這對主張「本土」者應有一些啓發作用。就文化的立場而言，人應走向精深、博大、優雅與卓越，而不是走向狹小、偏執與自我陶醉。

原載一九九六年十一月《文訊》一三三期

【謝鵬雄】資深作家。

中國傳統科技文化研究的省思

◎莊雅州

中國傳統的科技文化

科技文化是中國傳統文化中極爲重要的一環，而在各種學科當中，中國科技史的研究卻是起步最晚的。雖然數以萬計的文化典籍裡早就蘊藏著極其豐富的科學史料，但直至二十世紀初，才開始有部分學者用近代科學觀點和方法去加以搜集、整理和研究。如高平子、陳遵嬀、朱文鑫之於天文，李儼、錢寶琮之於數學，章鴻釗之於地質，竺可楨之於氣象，李濤之於醫藥，梁思成之於建築，張子高、李喬苹之於化學……，都有很可觀的成果，可惜並未受到世人應有的重視。到了一九五四年，英國學者李約瑟陸續推出皇皇巨帙的《中國之科學與文明》，才使世人普遍認識中國古代除了四大發明之外，還有那麼輝煌的科技成就，特別是西元三世紀到十三世紀之間始終保持一個西方所望塵莫及的科學知識水準，更是無可爭議的事實。

也許有人要說這些成就與今天突飛猛進的西方科技相較，都已陳舊落伍，不足珍視。殊不知任何文明都不能憑空而起，都有其因革損益的傳統，對於傳統的認識與發揚，實爲後世子孫無可旁貸的義務。當然，我們對傳統科學的研究，並不是爲了抱殘守缺，沾沾自喜，而是爲了感念祖先對我國乃至整個世界文明所作的偉大貢獻，更是爲了重建民族自信心，爲了恢復固有的發明能力，裨便昂首闊步地去迎接挑戰，去開創一個科學的、現代的新中國。

兩岸對傳統科技文化的研究

傳統科技文化的研究既然如此重要，按理說自政府播遷以後，台灣應該已有相當可觀的研究成果才對，事實則不然。四十餘年來，此地研究傳統科技文化的學者寥若晨星，坊間出版的相關書籍，絕大多數不是民國三十八年以前的舊作，就是近年大陸出版品的翻版。大學舉辦的科技史研討會絕無僅有，開設中國科技史的系所也屈指可數。無怪乎腦中存有「中國古代沒有科學」或者「儒家思想嚴重妨礙中國科學的發展」之類錯誤觀念的社會人士也還不乏其人。反觀大陸，早在一九五四年，北京中國科學院就成立中國自然科學史研究委員會，一九七五年升格改制爲研究所，設有六個研究室、一個編輯部和一個圖書館，現有員工一百二十人，藏書十餘萬冊，定期出版三種季刊。其他機關學校成立類似單位的也有如雨後春筍。一九八〇年，北京成立了中國科學技術史學會，上海、安徽、陝西、河南、廣西等地也陸續設置了科技史學會，每年舉辦的專業性和綜合性學術討論會在十次以上。至於近四十年來有關著作，單是席澤宗《科學史八講》（聯經出版公司，民國八十三年出版）裡所提到的就不下百種。相形之下，台灣在這方面的成就自然顯得瞠乎其後，這實在是一個十分嚴重的問題，至於如何檢討改進，急起直追，當然更是當務之急。

如何檢討改進，急起直追

首先，如果能在中央研究院成立中國傳統科學文化研究所，在某些機關學校設置相關單位，在學術界經常舉辦中國傳統科技研討會，在大學普遍開設中國科技史課程，則不難鼓動研究風氣，培養研究人才，使形勢大爲改觀。可能有人以爲，傳統科技的研究在台灣既然不受重視，短期間之內那能網羅那麼多人才？殊不知傳統科技文化的研究，涉及的領域十分廣泛，是一個需要高度科際整合的學門，例如古代科技文獻的校釋有賴於中文學界的協助，專業知識的鑽研有賴於理工學界的出力，科學思想的探討可以鼓勵哲學界參與，時空背景的考察必須由史地學界領軍等。只要有興趣，人人皆可加入研究行列，而也唯有各行各業通力合作，才有蔚成風潮的可能。李約瑟在學期間從未修過科學史，也不曾受過漢語的正規教育，只因爲在研究解剖學和化學的過程中，激發了研究中國科技史的興趣，就能結合王鈴、魯桂珍、何丙郁、肯納斯、歐翰思……等中外學者，以數十年之力，編撰了震驚全球的經典著作。然則倘能鳩集我政府與學術界的財力、物力、人力與智慧，又何患不能有更高的成就呢？

其次，在從事研究的過程中，要宏觀與微觀並重，內部研究與外部研究齊頭並進才行。古代天文、曆法、數學、物理、化學、生物等自然科學如何演化？醫藥、農業、建築、機械、化工等應用科學有什麼成果？固然都是研究的重點，而政治、經濟、文化、社會的因素對古代科技產生何種影響？天人合一、經世致用、格物致知、氣一元論、陰陽五行等思想與古代科技的關係如何？地下文物與文化典籍如何相互印證？中國古代科技的特色、優缺點何在？在科學思想、科學技術、科學方法方面，中西科技文化有何不同？中西科技交流的情形與影響如何？自十六世紀開始，中國科學爲何落後？從中國傳統科技文化的研究中可對將來科學發展提供何種借鏡？諸如此類，也都十分重要，而且息息相關，可以成爲研究的重點，不可偏廢。固然，各人道行不同，時間、精力也有所局限，不可能面面俱到去研究那麼多問題，但只要大家能分工合作，根據自己的專長，選擇適當的領域，以最新的科學、哲學、文化觀念爲基礎，分別從各種不同的角度與層次廣泛而深入地去加以探討，那麼假以時日，積涓滴還是成爲大海的。

最後，我以爲應該重視域外的交流合作。現在世界已縮小爲地球村，兩岸的文化交流也日趨密切，我們不可能也不必從事孤立的研究。只要大家有長處，我們就應該學習，只要有交流的機會，我們就可以考慮，既不必妄自菲薄，更不可夜郎自大。例如大陸近幾十年出土了大量的石器、陶瓷器、金屬器、編織器、骨器簡帛、墓葬、古建築、古人類遺址等，這些都是研究古代科技的重要文物，卻非我們所能擁有；又如大陸現存有關科學的各類古籍至少在萬種以上，這些也未必都是我們所能得見。我們不能憑空去取得這些資料，如何展現我們的誠意與籌碼，如何透過平等互惠的方式去爭取合作研究的機會，那就是值得仔細探索的問題。至於海內外學者的互訪、國際學術研討會的召開、科技文化研究成果的翻譯等，其重要性當然就更不在話下了。相信在這種對抗中有交流，合作中有競爭的氣氛之中，海峽兩岸乃至全世界的中國傳統科技研究，水準可望大幅提升。

原載一九九六年九月《文訊》一三一期

【莊雅州】文章發表時任中正大學文學院院長，現任玄奘大學中文系教授。

文化大整合

◎陳建民

國際化趨勢

由於電腦介入，我們日常生活正快速的國際化。因爲人人都可以從複雜的媒體，自動吸收他所感興趣的資訊。其中的教育功能深而精，常有辦法快速的抵消學校教育的正統傳授。以前介紹中國文化的單一教材、單向灌輸的教育與傳播路線，必須轉型了。

現代學習者在有系統的接觸中國文化材料之前，早已浸泡在西方文化的多樣化成品中。從小時候起，音樂、繪畫、漫畫、童話、小說、詩、戲劇、電影、電視、錄影帶，市面上外國風格的食物、糖果、百貨、日常語言等等，處處浸染上學習者的感官、心靈，最後形成了各有偏好的直覺。這種直覺慢慢的和中國文化所提供的直覺有了距離。

更麻煩的是，中國文化的材料這時和現實生活又沒什麼關係。除非具有強烈文化意識的人，否則便不會留下多少心靈空間或是意願，來吸收這些文化內涵了。何況，一般人很難自動養成本土意識。

雖然我們生活在中國文化的本質裡，比如有長幼有序的習慣，年頭年尾的節慶心情，婚嫁遷移的禮俗禁忌，語言內含的心境原則，人倫關係的深層結構等等。但是，人的「思想意識」求新求變，自會不斷的受國際化趨勢的浸染。

這時中國文化很容易被忽略，因爲和大眾眼前的利益，和個人的生活現實，沒有直接的生計關係。

羅浮宮和巴黎鐵塔的例子

若不想使這些文化掩蓋沙塵而消解、失色，我們必須設法讓它發出迷人的現代意義與功用。

比如，法國羅浮宮的藝術資產，和一般人的現實生活並沒有直接關係，但是在羅浮宮廣場上（富有古典的、君主貴族風味的羅浮宮，似乎只代表了歷史的文化成果，好像不可能再染上什麼現代意味了），硬生生的矗立了一座金屬玻璃的埃及金字塔（本是異國的、中東的、古老文化的成品，是舊式君王的墳墓模型而已，似乎也不可能再挖掘什麼現代意涵了！但經過了材料、理念、意義上的現代化處理）。也就是說，藉著兩項「既不協調，又不相干」的巔峰成果，並列並立之下，或者說，藉著某種暗喻關係，竟把古典的法國文化藝術重鎮，一瞬間，再提升爲現代國際文化藝術的指標。

正如早年，在巴黎建鐵塔的構想備受攻擊（羅浮宮的金字塔也是在大遭反對之下才完成的），事後卻證明了巴黎鐵塔變成了全世界知名的地標，也代表了巴黎遙遙領先的藝術地位。

值得注意的是，在此埃及的金字塔是截然的現代化了，從古代的石塊建材，改爲現代的材料：鋼鐵與玻璃。以玻璃的「透明的輕」對比了鋼鐵的「混沌的重」，這種異國風貌的「新」，座落在法國古典的中庭的「舊」，在意義上，暗喻了法國歷史常有從國外擄來戰利品的文化勝利。在視覺上，這是人類歷史上的藝術大驚喜！

羅浮宮依舊是原樣，但現代化的結果，卻讓全球人士得了一個嶄新的、前衛的、現代化的動機，「甘心情願」跑來接觸宮內的文化！

讓文化資產有新面貌

中國的文化材料多而複雜，當然不會低於羅浮宮的內涵。但若不能「改頭換面」而引介進廿一世紀，或根本不能引介進入中國人的意識心靈，那麼這些寶貴的資產，還是一場遙遠的歷史而已！這些文化材料，如何封藏地窖中的秦俑，必須取出來面世，用盡辦法，讓自己人以及他國人，都有機會來接觸而受影響。接觸的層面不管多少，即使只在意識上接觸而已，但就像人遇了水，水多水少不是重點，一定會溼就是了。

中國文化多而複雜，但底層有一種共通的思想模式，即使是今天仍然運行在中國人心中。問題是，大家常常主動或被動的與它們隔絕了。只不得不在表相末稍上（指民俗節氣，日常細瑣等）維持一點關係。

我們首要努力的，是讓文化資產以全新形貌和世人接觸。其中一個直接而有效的接觸點，就是講解基礎的中國思想模式，並且直接植入本國人以及國際人士的意識中。

也就是說，第一，迅速設定這思想模式，改成極簡易的形式內容，再用文宣或多媒體管道，把這些本來就潛藏人心的模式，清楚的流通在人的意識層面。

第二，從龐大的文化材料中，擇取最前線的資料，也就是挑選可以國際化的成分，經過電腦科技的整型，大幅度簡化之後，才大量而多層次的讓本國人以及外國人接觸，以便盡可能的攻佔人腦的記憶體。

第三，設計出「比較式」、「對照式」的教育傳播方法，來拓展中國文化與現代人的接觸面。同時也用簡化的西方思想模式與中國模式「互相比較」、「並列並立」，在對照之下，一起呈現在學習者的意識上。

中西模式的根本差異

簡單的說，中式思想是以包容、圓融的觀念爲主，西式思想則以對立、辨證爲主。在意識和落實上，這是中西模式的根本差異。

希臘哲學所留下的思考模式，以對立爲根本。在形上學採用了「實體、屬性」的對立，在認識論上是「主體、客體」的對立，在分析「人」時，是「靈魂、肉體」的對立。

但中國哲學卻以「關係」的觀念在互動互靜，以「境界」的觀念在互爲包容，且是以「心物合一」

在觀人。

採用比較、對照法來講解中西文化，對本國人、他國人而言，頗有實效。對外國人來說，唯有透過解析自己熟悉的文化，才可能明白中國文化。對中國人而言，只有透過外國文化的對照，才能興起一種現代的國際印象，而持續自身的求知心。

人必須明白中西模式的差異，以及運用的訣竅，才能分辨自身文化的特色。必須自主的選擇文化立場，才能避免意識上淪爲沒有文化立場的亂象。

目前西方文化搶先染上了電腦科技文化的色彩，對正常的求知欲而言，富有無比的魅力。反觀中國文化，似乎仍停在古籍文獻上，給人一種滯留在文言文世界的刻板印象。因此造成最大病因：壓抑一般人的接觸意願。

更壞的是，連有限的文化接觸，通常也不是以現代文明的觸媒在交換。常脫不掉鄉愁懷舊的氣氛，頗缺少一種前衛、探新的印象。所以說，文化的翻新工作是首要的大戰。

各時代的主流哲思，必然層層傳遞到社會上各文化產物。從哲學傳到繪畫，再到音樂，再傳到大眾所接觸的文化，就是詩、小說、戲劇、電影、電視，再傳到宗教神學等等。

在這一連串的環扣上，必須讓我們的學子（大都受限於當前的教育，所以缺乏邏輯思考力）得以有意識的接觸中西文化。如此，才有可能在每個環扣上，中西抗衡。

打壓西式文化的做法是不可行了。只有正面迎敵、並列並立的競爭策略，才可能配合國際連線的趨勢。

「心物合一」的現代化趨勢

我曾思考文化轉變的問題。例如，希伯來文化受到希臘形上思想模式的衝激，從「舊約」轉型爲「新約」文化，於是展開了基督教文化。但猶太文化也照樣成長至今。

中國文化今日若有轉變，並非依照這種情勢。卻比較像基督教文化接受了人文主義以及工業革命的影響那樣。

電腦科技文化並不存有心靈或宗教企圖，只有一種功用，但看誰家文化捷足先登，早來早用而已！廿世紀工業進步所帶來的兩大特色是「分工合作」以及「超越時空」。分工細膩與專精，造成專家倍出；超越時空的特色，在國際電腦連線之下更加凸顯，這都是新時代的特徵。

大量專家以及國際連線的新時空現象，使科學走向「生命」（電腦與人工智慧所積極在模仿的目標）和「物質」（各門分工科學研究到了極細的專精地步）兩相結合的複雜科學，也推動了國際文化的大整合。這都是靠電腦演算、模擬的功能在驅動。

電腦文化所造成的科技整合，旨在學習生命，要把生命特質套在電腦的模擬功能上，這種科學走向，大大促成了物質、生命這兩者的整合。換言之，如今的現代化有一種「心物合一」的大趨勢。

從易經開始，一直發展到宋明朝講心的學問，中國文化在廿一世紀最好循著心物整合的路向，一面快快將基督教的文化再納入心學，整合成儒佛道基四家文化一體；一面大大運用心物整合的觀點，推出我們心物合一的各方面理論與文化成品，更不吝與電腦科技文化相連，祈使中國文化在國際會議上佔有一大席。

原載一九九六年七月《文訊》一二九期

【陳建民】文章發表時任中興大學外文系副教授，現任亞洲大學外文系副教授。

輯三

社區文化與文化「生活化」

社區文化總體營造

◎彭欽清

光復前後出生，在鄉下成長的客家人，對「掌更」、「做公事」及「清潔」三件事一定印象深刻。

「掌更」即守更，實即冬防。冬夜漫長，又值年關將近，宵小之徒趁機作案。在警力不足下，由警方輔導各村里成立「掌更」制，每戶出男丁一人，於晚間排班巡邏，夜宿於「更寮」。倘有人家無法派出男丁時，可出錢請人代理。

「做公事」即義務勞動。每逢鄰里有公共設施須施工或修補，如鋪便道、搭便橋或溝渠清理等，每戶出工一，自備簡易工具如鋤頭、畚箕等，按鄰里長通知之時間至施工地點，大家合力於最短時間內將工作完成。

「清潔」即統一大掃除，由鄉鎮公所排定各鄰清潔日，當日全社區不分公私建築，內內外外都要洗刷得一塵不染，經鄉鎮公所派人檢查通過後，在門柱上貼上印有「清潔」兩字的標籤。未獲通過者，須經複檢。

不論是「掌更」、「做公事」或「清潔」，都是典型的社區整體活動，全社區的每戶人家，不分貧富貴賤都要參與，而最重要的是經過大家的參與，可看到立竿見影的效果——治安、道路、溝渠、環境衛生都立即有所改善。或許是由於這種「看得到」的效果，社區成員參與的意願高，而透過這些參與，成員間的關係益形密切。

隨著工商業的發達，社會結構的改變，每家每戶各為生活奔波，加上電視的興起，社區成員每家都養成「閉關自守」的生活方式。「掌更」、「做公事」及「清潔」的社區整體活動方式亦不復見。社區的人除了在婚喪喜慶的場合有機會大家見面聊天外，幾乎看不到其他任何整體性的社區活動，一方面是由於社區成員間缺乏共同目標，二方面是少有互動。漸漸地，疏離感、冷漠等社會症狀隨之發生，整個社區幾乎是處於分崩離析的狀態。在此關鍵時刻，政府適時提出社區文化總體營造的政策，如果能徹底實施，對目前社會上存在的一些怪現象，如電子花車之類的，當能提出解決之道，對台灣整體生活品質，也必能有所提昇。

事實上，「掌更」、「做公事」、「清潔」只是社區為某特定目標而發起的全體活動，離社區文化總體營造仍有一大段距離。

社區文化總體營造不是一種運動，更不是熱鬧一陣而已的嘉年華會。社區文化總體營造是一種持續的淬煉過程，用去蕪存菁，取長補短的方式，來經營打造精緻的生活方式。

經營打造不是隨興式的行動，首先，要深思熟慮提出計畫，再依計畫而行，最後經追蹤考核修正，使整個計畫能達到預定的成果。社區文化層面甚廣，舉凡社區內食衣住行育樂皆包括在其中。因此，社區文化總體營造要靠點點滴滴累積而成，是一項漫長而艱鉅的工作。一個鄉下社區要扛下這項漫長而艱鉅的工作，同時要做得有聲有色，使社區文化有明顯的提昇，需要內在與外在條件密切配合，內在指的是社區本身，外在指的是地方生態與政府的角色，茲分述如下：

一、社區本身

社區的居民最清楚社區的特色與需要。如何將這種特色與需要融入社區生活，必須靠社區領導人物研究思考。知識分子在這方面扮演尤其重要的角色，他們必須很精確地向其他社區成員解釋要做什麼？怎麼做？爲什麼要做？做了有什麼好處？透過說明、質疑、解釋，大家獲得共識。這種自動自發式的社區文化總體營造，才能眞正扎根，才能長遠。

二、地方生態

民主政治在台灣無法眞正落實，選風敗壞，黑金橫行。追根究柢，地方派系是亂源所在。爲了爭取選舉資源，派系無孔不入，甚至連寺廟、家長會等單純的民間團體都成了派系的戰場。社區文化總體營造的先鋒——各村里的「社區發展委員會」也難免成了派系爭奪的目標。糟糕的是，派系常常只爭地盤，不爭社區發展的成效。就是選出來主其事者想有一番作爲，卻又受到反對派系的人處處掣肘。派系的介入往往導致整個社區發展業務停擺，也使得社區文化總體營造的推動無法順利進行。

三、政府的角色

在台灣社區發展過程中，政府幾乎都扮演主動積極的角色。從早期的民生建設時期，指導社區示範戶改善衛生環境，到後來的家政班，推廣如何吃得營養、如何布置家庭等，都是政府出錢出力派員推廣。近年來，政府意識到社區發展應該是社區自己本身的事，在各村里成立「社區發展委員會」，由村里民推選產生。各聚落的硬體設施或文化活動，均透過該委員會向政府提出申請輔助。表面上，政府由主動變為被動，但它仍握有最終的決策權，因為它掌控了整個社會的最大動力——錢。這幾年，政府雖然經濟拮据，但社區發展的經費較諸早年仍屬寬裕；只要有好的計畫，社區通常都能得到需要的補助，這就是為什麼全國各地許多社區活動蓬勃發展的原因。但是在有限的資源情況下，政府在推動社區文化總體營造時，一定要很公平的去運用每一分錢，同時要擬訂一套社區發展委員會評核的制度，績優的要獎勵，功能不彰的要撤換。如果讓社區發展委員會自生自滅，美其名曰「不干涉」，則社區文化總體營造之前途堪憂。

再好的政策，如果無法徹底執行，只會淪為口號。社區文化總體營造是一項好的政策。但願在人民與政府密切的配合下，這項政策能夠落實。如此，不僅可使台灣居民可以享有高品質的生活，也不會有人再稱台灣為「經濟強國，文化弱國」了。

原載一九九六年七月《文訊》一二九期

【彭欽清】文章發表時任政治大學英文系副教授兼系主任，現任政治大學英文系副教授。

如何做好社區文化的總體營造工作

◎黃晴文

建立社區共同體的意識

「社區」一詞源自英文comunity，原義是指任何「社群」而言，不論其規模大小，社區社會的規模與特性——一個村莊是個社區，一棟公寓、一條街道、一個小鎮、一個城市、國家、甚至整個地球、整個宇宙，都可以是個社區，唯一的條件是居住在這個有限範圍裡面的住民，都具備「生命共同體」的認同意識。社區總體營造就是以「社區共同體」的存在和意識做爲前提和目標的。我們可以賦予「社區」一個現代的涵義：是一種民主社會的生活方式，是介於國家社會和家庭團體之間，爲現代人追求居住環境提升生活品味的基礎單位。環境和景觀、品味和格調，是所有人的終極關懷，而這終極關懷的理想，唯有透過所有「社區」居民自發的從事總體的改造工作，才能營造出一個適合現代人居住的軟硬體環境。

台灣創造了舉世聞名的經濟奇蹟，豐富了人民的生活和國民所得，但是我們的居住品質、都市景觀、鄉村格調、環境衛生、交通問題、公共安全、社區安寧等問題，卻已到了令人無法忍受的地步。從先進國家的標準來看，甚至被列入「不適合文明人類居住」名單，難怪近幾年來，移民國外的風氣有增無減，台灣更是被冠上「豬舍」、「火燒島」的不雅之名，什麼時候「福爾摩莎」、「美麗之島」的美名已悄悄的在大家的腦海中消失，我們這一代糟蹋掉了多少傳統的、好的文化？破壞掉了多少美麗自然的景觀？經濟成長的代價眞的需要付出一些成本，但台灣確實有這樣的本錢嗎？畢竟只有一個地球，只有一個台灣呀！我們眞的應該好好的想想；如何付出心力及行動，共同爲這塊土地貢獻一分力量，也爲後代的子子孫孫留下一個適合生活的環境和空間。「美麗之島」是要靠大家同心協力，鉅細靡遺地把一草一木、一磚一石都拼砌起來，才能再恢復，而凝聚這份共識，就必須善用「社區總體營造」的力量，因爲「社區總體營造」不只是在營造一個社區，實際上也在營造一個新社會、一種新文化，更是營造一個新的「人」。而這些「營造」唯有透過文化手段，才能增進其成功之可能，進而改善我們的整體實質環境，以及文化藝術的發展，也才有令人舒適、安全、愉快的生活。

凝聚居民，善用資源

「社區總體營造」是一個多元化的工作，不管是由文化、產業、社區資源、古蹟、自然景觀等任何一個角度切入，只要社區居民有共同的意識，都可以營造出一個成功的、適合人生活的環境。社區總體營造的第一步在於確認社區的精華，必須凝聚居民的心，用不同的角度來重新認識我們自己所居住的地方，並且用心去愛這塊土地。另外還可以善用地方資源，而地方資源大致可分爲：

1.自然資源：如地質、地形、溫泉、河流、植物資源、動物資源等。

2.生產資源：如農產加工食品、畜產、農林產物、水產物等的加工品。

3.景觀資源：包括自然景觀、社會景觀、生活景觀及綜合景觀。

4.文化資源：各種文化、運動、保健設施、傳統的社會風俗、各種技術、活動、情報網路、交通系統等。

5.人的資源：著名的歷史人物、各種專門技術保有者、家族、世代之間關係的特色等。

文化是包羅萬象的，日常生活的種種都可以是文化，要做好社區總體營造，文化活動的辦理是一個非常好的觸媒，因爲它就在我們的周遭，跟我們每一個人息息相關。社區文化活動是常民生活的表達，我們看現今日本及國內較爲成功的社區總體營造案例，無一不是與當地特有文化或特殊的產業有關，如宜蘭玉田社區、雲林大廓花鼓村、日本三島町、稻垣村、足助町等，這也說明了唯有深入了解自己社區的特點在那裡？最能讓社區居民產生情感的是什麼，做了詳細的調查並有了共識之後，才能將這個點擴大成線成面。而要如何整合社區居民共識？就個人認爲，需先透過社區文化活動推展，以凝聚社區意識，重建社區倫理和秩序，並改善社區環境品質，提升社區文化，同時也要結合相關部會及各級政府，推動地方產業之轉型與再發展，社區資源的運用與整合等，都是營造一個社區的重點。同時我們也必須眞切的體認，社區總體營造不是狹隘、排外的地方主義，也不是鄉愁式文化與美學的復古運動，而是在參與過程中，個人經由參與、奉獻、反省、完成自我的實現與提升，社區透過有系統、有計畫的營造，形成一種新的人際網路、新的生活觀與價值觀。

原載一九九六年九月《文訊》一三一期

【黃晴文】文章發表時任台中縣立文化中心主任，現任苗栗縣政府參議。

淺談社會文化資源的開發

◎葉佳雄

「文化改革」是一種全民的文化運動，有待政府與民間的共同努力，站在文化行政單位的立場，如何多元開發社會文化資源，或主導或輔導，或結合或協助，或參與或鼓勵，讓社會每一階層都能高舉文化大旗揮動起來，是責無旁貸之事。

十多年來，台南縣立文化中心舉辦或協辦過無數次的文化活動，我們一直吸納社會文化資源作為活動的後盾，野人獻曝，我們願提出一些經驗供大家參考。

㈠**與寺廟結合**：寺廟是當今台灣各種資源最為豐富的地方，長期以來，寺廟大多只辦理宗教性的廟會活動，協助寺廟注入文化活水，使宗教與文化藝術結合，是文化單位可以著力之處。台南縣立文化中心已成功地協助「榑榔山傳奇——南鯤鯓文化季」、「台北燈會——後壁泰安宮媽祖出巡」、「麻豆海埔社區宗教文化節——池王府演義」、「大甲王爺節——仁德萬龍宮宗教文化活動」等活動，因而建立良好關係，並由此而成為文化中心一股雄厚的社會資源。

㈡**與產業結合**：產業是社會的經濟命脈，各地皆有其特色，但日益形成瓶頸的今天，用文化來包裝產業的「產業文化」，是一項可以嘗試的方向，而這正是文化單位可以協助的地方。這方面，這兩三年的文藝季，各縣市已都有些許的收穫和經驗，台南縣文化中心也一連兩年與台南縣農會合辦「走馬瀨之春」，與白河鎮農會合辦「白河蓮花節」，除打響當地及其產業的知名度外，這些地方也循文藝季模式逐年舉辦產業文化活動，當然也因爲這層關係，拓展了文化單位的視野與資源。

㈢**與企業結合**：在文化體系之外的企業體，事實上是文化資源頗爲豐富的對象，關心文化發展與具藝術品味的企業家比比皆是，只待文化單位的開發和運用而已。台南縣境的統一公司、南紡公司、奇美、東帝士、怡華、宏和、南寶、惠光……等等大企業的領袖，都相當支持台南縣的各項文化活動，這股力量對文化事業的推展，具有舉足輕重的地位。台南縣文化基金會的成員，即都是縣內企業家。

㈣**與學校結合**：學校是社區的文化單位，素質整齊的教職員與活潑熱情的學生，是最好的文化資源，透過行政體系，泰半可以獲得奧援。近年來，因政府的鼓勵，各級學校的社團，紛紛成立民間藝能團隊，而且都頗具成效，以台南縣爲例，就高達五、六十個學校，這些藝能團隊常是文化中心各項活動的主角。如此結合，一方面提供表演舞台，一方面則豐富了文化內涵。學校永遠是協辦各項藝文比賽的最好對象。

㈤**與社區結合**：社區具有無窮的潛在活力，最易散發鄉土情感，在政府極力倡導「社區總體營造」的今天，走入社區，與社區結合，與土地結緣，是文化單位義無反顧之事。像文藝季「白河蓮花節」，是我們最具體的作爲，活動期間，社區土風舞隊、長青樂團皆共襄盛舉。此外，爲讓社區整體發展與永續經營，我們也主動出擊，委託學者規劃左鎮和鹽水兩地的社區總體營造，期使文化眞正走入社區，提升社區生活品質。

㈥與學界結合：學者專家冠蓋雲集的大專院校，是推展文化事業取之不盡、用之不竭的寶庫，學界可以提供文化單位許多具有前瞻性的建設意見，也可以接受委託專案規劃。像本中心最近即委託國立成功大學完成「左鎮鄉社區總體營造計畫」和「台南縣鹽水鎮社區總體營造整體規劃」兩項大案。

㈦與民間社團結合：本土意識抬頭之後，關心鄉土的各類文史工作室紛紛成立，這些結合在地人與知識分子的民間社團，是整理鄉土史料與協辦文史活動最好的社會資源；以台南縣立文化中心爲例，鹽分地帶文藝工作室、愛鄉文教基金會、奇美文教基金會、吳尊賢文教基金會、台南紡織文教公益基金會、沈水德翁文教基金會、泰安旌忠文教基金會、常民文化學會等等，都與我們有過愉快的合作經驗。

㈧與藝文人士結合：藝文人士是最關心文化走向的，通常與文化單位的關係最爲密切，配合度也最高，往往是推動文化工作的尖兵。提供藝文界展覽、會議場所，定期舉辦各類藝文比賽，和平時多作溝通與聯繫，應是藝文人士保持良好關係的最佳方法，特別是各種學會或協會的組織，更需長期經營與關心。

㈨與民間人士結合：不屬於任何團體，但卻關心文化發展的民間人士，也是一個可以開發的社會文化資源，聘爲諮詢顧問是一途，協辦文化活動亦爲一途，如常態性的義工組織、臨時性的友誼家庭皆屬之，後者即在民國八十五年本中心承辦的「國際民俗藝術節」期間，發揮了相當大的效能，接待外國團隊，作了一次最成功的國民外交與國際文化交流。

㈩**與媒體結合**：包括電視、電台、報章雜誌的媒體，是藝文活動的催化劑，不但具有宣傳效果，也兼有鼓勵作用，如提供版面、刊登廣告和製作專輯等等，都有增加藝文活動的功能。其實，新聞媒體如此參與，一方面應該也有自我提升形象的廣告目的，一方面當然也算是作為履行文化責任的社會回饋。本中心近年來的大型藝文活動，如國際民俗藝術節、文藝季等等，即都朝此方向發展。

文化事業千頭萬緒，「文化改革」非一蹴可幾，這是一種長期性的全民文化運動，社會資源愈多愈能成事，廣泛開發各種社會文化資源，是文化單位必須而且也值得努力的文化工作。

原載一九九六年九月《文訊》一三一期

【**葉佳雄**】文章發表時任台南縣立文化中心主任，現任蓮潭國際文教會館執行長。

台灣推動「社區總體營造」的困難與可能

◎陳錦煌

前年年底，於新港舉辦「社區總體營造」會前會，負責籌劃的台北市都市改革者組織，邀來日本國岐阜縣古川町的三位朋友，介紹「古川町」的造街經驗，他們以長達一、二十年的溝通、籌劃，然後成功地完成「社會總體營造」工作，令人感動不已。而後，去年元月初，於台大城鄉所舉辦「文化資產、古蹟保存與社區參與」研討會，夏鑄九教授代替因病未克前來的柴菲拉提教授，報告全世界古蹟保存的典範──義大利波隆尼亞經驗，他們於二十年前大膽提出「反發展」的古蹟保存理念，經過多年的奮鬥，於波隆尼亞都市核心區，成功地把居民和古老建築一併保存下來，這「整合性保存」的成功範例，令我激動的心湖，久久無法平息。

會後，返回新港的國光號車上，腦中不斷浮現新港以推動「美化傳統文化空間」作爲「社區總體營造」的起點時，所曾遭遇的種種難題，我不禁思考，日本、義大利可以實現的事，新港能嗎？在台灣可行嗎？

無可否認，台灣和義大利、日本是完全不同的國家，特別有關人民素養、守法精神、公共事務參與、政府法令配合、公權力貫徹等，台灣實在不夠資格跟人家談什麼「人民與古蹟」整合性的保存。我們只要看看日本人，認爲自己所有的範圍外都是公共空間，絕對不敢逾越半步。而在台灣，只要不是別人的空間，都是自己可能利用的範圍，造成違章建築、路旁攤販遍地皆是，社區中公共空間的觀念，極爲淡薄，從這裡就可瞭解台灣學習日本、義大利保存理念的困難。至於經由古蹟保存介入「社區總體營造」更是免談，而且「古川町」及「波隆尼亞」的成功，有其本身特殊的社會、政治、文化及經濟背景。然而，台灣若能於地方藉助社團活動、宗族聯繫、祭祀組織……等既存及新興的關係，活絡人與人間的溝通，讓社區中的公共事務可以得到充分討論的空間，那麼「社區總體營造」時所遭遇的與現實利益產生的衝突，因此能夠舒放、反省與解決。另外，透過上述社團、宗族、祭祀等活動，長久下來，可培養出一群熱心公共事務的義工，這些義工是推動「社區總體營造」的骨幹，因爲唯有義工們熱心公共事務，無所爲而爲的態度，方能打破地方派系爲反對而反對的自私心態，讓「社區總體營造」順利進行。

義大利波隆尼亞城擁有千年之久，令人引以爲傲的歷史建築，塑造不可磨滅的共同歷史記憶。反觀台灣的歷史，歷代統治者一再地否認、打破前一代的歷史遺跡，讓整個台灣四百年的歷史呈現支離破碎與矛盾衝突，在缺乏共同記憶的經驗之下，推動古蹟保存幾乎是一件不可能的事情。然而，近幾年來台灣各地方風起雲湧的文史團體、文教基金會組織，莫不戮力於探究與整理自己居住地方的歷史，於台灣到處興起陣陣尋根熱潮。特別的是各地推動尋找老照片活動，突破以往統治者主導歷史解釋權的囿限，讓一張一張老照片直接敘述地方演變過程，讓歷史直接和生活有了關連，地方鄉親共同擁有的記憶，因此逐漸浮現，這共同記憶是「社區總體營造」時的動力與基礎。我們終於看到了社區營造成功的可能。

義大利於二十年前以「反發展」爲主軸建立的「整合性保存」觀念，如今已是世界進步國家都市計畫的主要內容，台灣若想要成爲可以永續經營、長久居留的島嶼，目前已到了關鍵的時刻。我們盼望在學習、觀摩國外成功案例的時候，立法院諸位委員大人少浪費精力於一味討好特定選民的補助款多少的爭執上，多致力於公共政策相關法令的制訂。政府相關部門更要密切協商，齊一步驟，讓內政部推動多年的社區發展計畫，不要只剩下社區精神堡壘、社區活動中心等空洞建築，或舉辦眾多達官顯要出席拍手，卻對實質社區日常生活毫無助益的嘉年華會式熱烈場面。我們更盼望透過有關社區公共空間的參與協商，提昇台灣人的民主素養，養成少數尊重多數的習慣，不要重複五千年來，一旦修身、養性、齊家後，就想要治國、平天下的中國古老觀念，從「家」到「國」之間，留給日常居住生活的「社區」一點討論與迴旋的空間。

原載一九九六年九月《文訊》一三一期

【陳錦煌】文章發表時任新港文教基金會董事長，現任二二八事件紀念基金會董事長。

大學：台灣社區文化的總體營造者

◎高柏園

全方位的思考

文化是經濟建設的最後果實，也是經濟努力的最終目標。此中的道理十分清楚而簡單，因爲我們畢竟不是爲了經濟而經濟，不是爲了賺錢而賺錢，我們是爲了生活的美好而努力，是爲了人生的理想而奮鬥，經濟與賺錢只是豐富我們生活的必要手段與過程罷了。當台灣的經濟已然邁入新的里程之時，文化問題的反省也自然地被提出，這一方面是人的自覺，一方面也是勢使之然。孟子說：「雖有智慧，不如乘勢。」如果我們今日的既有智慧，又能懂得乘勢，那麼台灣社區文化的重建與改造，前景應該十分樂觀。

我們知道，文化是一個整體性的存在，要改造文化也必須要有全方位的思考做爲基礎。而在這樣多元的內容中如何選擇討論的重點，則當兼顧吾人之價值關懷以及國家當前的現實環境爲考量之方向。且讓我們由以下的前提思索起。

提升全民的文化程度

首先，當台灣第一位民選總統產生之後，主權在民的呼聲無疑早已高唱入雲。但是民主既是主權在民，既然全民都是頭家，則全民文化程度的提升，無疑是整體政治水平提升的根本前提，也是當前國家的重要工作。易言之，我們不能再以「君子之德風，小人之德草」的上對下的單向思維爲基準，同時我們也要認清民主社會中由下而上的決策浪潮。除非我們抱著獨裁的野心或愚民的陰謀，否則，我們便得承認，全民文化的提升不但是所有國家共有的努力目標，而且對台灣現實環境而言，尤其有重大的時代意義。

其次，全民文化的提升當然不是抽象的理念而已，它要具體地實現，而人民無他，不過就是分布在各個社區中的成員。因此，提升全民文化水平的具體步驟，也就是提升全民的社區文化了，捨社區文化，全民文化便顯得空洞而虛幻。無論是文化節慶或嘉年華會，都只是短暫的風光，文化改造不能只是依賴諸如文藝季、音樂季之類的活動，我們眞正生活其中的社區文化，才是人格的決定因素。

再其次，社區文化既是全民文化的重點所在，則政府做爲行政單位，當然應該尊重學術文化界的意見。易言之，政府只要提供必要的行政及財政上的支援即可。另一方面，基於社區間的差異性與地域性，我們也不贊成由類似中央政府般的學術單位進行改造，而是由每個區域的最高學術——大學，來進行社區文化的改造工作。我們主張社區文化建設宜以地方分權的觀念展開，而不當以中央集權的方式推展。

由各地區的大學來負責社區文化的重建工作

社區文化由於受到地域及其歷史人文背景之影響，而呈現出多元而豐富的面貌，這其實是十分可貴的現象，我們正應該善加發揚彼此的特色，以達到互補、共生的文化共同體的建設目標。以台灣目前的大學發展而言，各地區都可以有當地的大學，做爲社區文化改造的營造者與推動者，我們的建設十分明確：鼓勵各大學就近負責當地文化的重建工作。由於當地的大學與地方關係密切，了解深入，因而較能準確地掌握地區的特色，再配合大學的學術見識，不但能充分掌握已有的地區文化，也能充分開創新的地區文化。更進一步說，是大學能直接提供較完整的社區文化建設雛型，提供當地人民共同推動。

當然，在大學努力推動社區文化建設的同時，不但能展現大學的社區責任，也能喚起地區人民對大學的親切與認同。由是而使地方因大學而提升，大學也因此而可從地方中獲取經濟上及學術上的資源。如果大學表現良好，自然受人肯定，募款作業便可順利展開，而大學也可就地方獨特的環境及資料，進行種種學術研究，進而提出眞正切合本地、本國的學術成果，甚至以此而爲世界學界所肯定。

總之，台灣的大學要從被動的習氣中甦醒，而轉以積極的態度參與社區文化的營造工作。大學不只是培養大學生，辦辦推廣教育而已，它更要提供地方種種建設的文化理念，結合社區各級學校成爲有機而互動的整體，發展並整合地方的各個文化團體，從而在生活中與地方同在。試想，如果我們能拆除大學有形與無形的圍牆，而將整個地方社區視爲校園的一部分，則台灣文化的眞正建設，必可在最短的時間內，完成最豐碩的成果。

體會「人生以服務為目的」的真諦

教育即生活，在邁入廿一世紀之際，台灣人民早已脫離生存的威脅，而轉向意義的追尋。大學不僅傳授知識，更要培養健全的人格與服務的心胸。我們寄望台灣的大學，能負起社區文化總體營造的責任，它不但能爲大學重新注入活力與生命，也爲社區帶來無限的理想與遠景。而在營造的過程中，也讓大學師生及全體人民重新體會「人生以服務爲目的」的眞諦。

原載一九九六年九月《文訊》一二一期

【高柏園】文章發表時任淡江大學中文系系主任，現任淡江大學中文系教授兼行政副校長。

從生活中出發，珍惜此時此地

◎蔣震

長期以來，國人對文化建設一直有個迷思，總以為文化建設和文化水平只要靠幾項措施就可以提升。事實上，文化是生活的方式、生活的態度，必須從生活中出發，然而環顧台灣現階段的社會情形，與其說文化云云，不如說是「物化」比較貼切。檢視國人的生活形態，年輕的夫婦中，有許多是雙薪家庭，夫妻倆結婚後的重點目標就是買房子，並且得花上一、二十年才能如願，而在達成目標前的這一段歲月，幾乎是將就的過日子，在貸款的壓力下，少有生活品質可言，直到買到了房子才開始用心規劃生活、講究生活。當整體社會都在將就地過日子，試問文化如何培養？政府又如何將文化放諸人民的生活之中？

實際上，國人一直就是處在這種「將就」的生活狀態中，小朋友們多為鑰匙兒童，不是帶便當上學，就是在教室裡倉促地吃著營養午餐，根本缺乏餐桌禮儀的訓練和習慣，如果連生活中最基本的文化都無法培養，更遑論其他了。有位友人到北歐的芬蘭旅遊，他目睹一對平凡的農家夫妻進餐情形，他們的晚餐只是一粒馬鈴薯和少許蔬菜，食物雖然簡陋，但是，卻見他們穿著正式的服裝，謹慎地鋪上檯布、餐巾，安詳而莊重地用刀叉來品味、享受這頓飯；而著名的文學家夏丏尊先生也曾經在文章中描述他的好友弘一大師李叔同用破毛巾洗臉，吃白菜、蘿蔔時那種珍惜、享受的態度和神情……。這種珍惜、重視生活中的每一細節的態度便是文化。此外，外國人都非常注重居家環境，並且更尊重社區的整體規劃，不隨意更改建築而破壞整體性。台灣的情形就不同，鄉間的道路兩旁盡是破舊的房舍和亂堆的垃圾，生活的素質如此，又怎能進一步去要求文化呢？李登輝總統曾經說過：「不要為了眺望天邊晚餐，而踩壞了腳底的玫瑰。」亦即是希望國人能夠從珍惜此時此地做起，審慎地規劃、經營每一分鐘，唯有從生活出發，才有資格談文化。

政府在政策上的制訂未與現實生活結合，也是文化的推動所以成效不彰的原因之一。例如寫毛筆字是中國特有的文化，毛筆是中國人陶融心性的工具，悠遊涵泳於筆墨之中便是文化的最高境界。在現今提倡復興中華文化之際，更須提振此國粹，並且研究、改進，以發展出獨特的文化風格，同時融入生活中，成為全民性的文化。台灣從早期的農業社會進展至目前的工商業社會，許多文化也受到西方外來文化的洗禮、融合，而呈現出新的面貌。所以，當政府在推動文化之際，尤其應事先考量那些傳統文化值得保存，就應該締造有力的發展環境，以及那些文化需做調整以適用於當今社會。環顧當前的社會環境，許多媒體都非常商業化，例如電視上充斥著各種靈異節目，書店裡以命理、鬼話的書籍最為暢銷；此外，飲食方面，街道上舉目皆是髒亂的攤販，卻都是高朋滿座……，種種景象都顯現國人對生活品質的淡漠，以及政府在這基本層面上的忽視。

文化是生活的方式，什麼樣的生活造就什麼樣的文化，所以，人們應該認眞地去度過生活中的每一部分，同時更應該在衣食住行等方面建立正確的觀念，講究生活的內涵，如此，即使貧乏的物質也可以擁有高度的生活水準，這就是文化。政府要講文化建設，更應從日常生活中著手，讓小朋友在童年生活中，除了「記憶之學」、「句讀之學」外，多培養他們對生活正確的觀念及態度，唯有從生活中出發，文化才能存續，我們方能看見中華文化眞正地提振與復興。（**高惠琳記錄整理**）

原載一九九六年十月《文訊》一三二期

【**蔣震**】文章發表時任《中央日報》副社長，現已退休。

讓自己是主角

享受生活在文化中

◎吳榮斌

需要讓文化生根的土壤

台灣有地處流暢海道之便，容易接觸到世界各地強勢文化，所以，依歷史治權的改變，和移民族群的增加，除原住民之外，閩南、客家、日本、大陸、美國等各種文化，也都相繼在這塊土地上匯流、衝擊、激盪、影響、吸收、融和，形成了特有的海洋文化和島嶼文化——一方面很有包容性能與其他文化交流、接納；一方面又因前此歷史嬗替，不斷更換統治者，致代代人民忙於應付每次「新頭家」的政治需索。生活未安定，文化也就難以生根，直到近二十年，政經漸趨安定，朝野對台灣文化的發展，才有了新的省視和渴望，並有了可喜的發展。

文化的形成需要時間，需要環境，需要營造，需要培育，也需要引導和呵護，過去台灣的命運如此，環境如此，進化如此，實在難以如之何。但我相信，如果台灣也能像美國一樣有二百年，或像日本一樣有二千年的平安日子，台灣一定也可以創造很優秀的文化，也會是個很有特色、人人喜愛的地方。

現在，我們很需要安定的社會環境，我們需要更好的、可以讓文化生根的土壤。現在是下種耕耘的好時機。

有什麼樣的人民就有什麼樣的文化

文化是人類（或人民）思想、心靈活動和生活的結晶，是國家、民族，或人民形而上或形而下的具體表現。文化因時空的汰選，而有精緻文化與庶民生活文化之別。「什麼樣的人民會有什麼樣的文化」，這面文化鏡子，總是忠實的反映人民的生活形態。

對目前的台灣文化，認爲自信也好，失望也好；慚愧也好、反省也好；喜歡也好，不喜歡也好，我們生活在此，包括好的和壞的，總歸這都是我們共同要面對的。換句話說，文化與我們每一個人息息相關，我們不但無法自外，而且我們自己就是台灣文化的創造者，我們是創造這一代台灣文化的人。

文化包括著作、思想、經驗、宗教、倫理、風俗習慣、使用工具、建築、服飾、語言、飲食；也包括舞台上的音樂、歌舞、戲劇表演，博物館或美術館中典藏的文物作品等等。然而，上述諸種形態的文化，都離不開一個最重要的元素——人。人牽連著一切文化。所以，固然任何人可以到歌劇院、音樂廳、美術館去觀賞精緻文化，但並不是去觀賞就表示這個人有文化。這個地方或這個人是不是有文化，是要看在這空間上活動的人，是不是具有文化的素養、認同與共鳴，是不是個人具備了起碼的生活品質，包括教養、誠信、禮貌、整潔和秩序。也不是留有許多的古蹟、古建築、古文物，那裡就有文化，而是要看那裡的人物和古物，是否受到尊重和愛護。如果當地缺乏講信修睦的人民，沒有善良的風俗，是一個髒亂，沒有公義的地方，那算是有文化的地方嗎？那樣的人民，算是有文化的人嗎？

幾年前，我請教藝術家楊英風先生，問他從青年時代開始住過了台灣、北京、日本、義大利、美國，最後定居台灣：「這幾個地方你最喜歡那裡？」他說：「最喜歡年輕時住過的北京。」我好奇的問他：「可是那時你還未成名，還沒有財富，為什麼最喜歡北京？」他說：「我喜歡的是北京人的生活態度。」我請他再說清楚些。他說：「比如吃飯吧！他們也不是吃什麼山珍海味，可是從準備燒菜開始，挑菜、洗菜、切菜、炒菜、擺菜、上菜到吃飯，每個過程都很認真，規規矩矩，態度從從容容。延伸到工作上、生活中，無不如此；待人接物彬彬有禮，講究誠實信用，言行舉止處處顯示出教養，那就是做到了『生活即藝術，藝術即生活』。」

這番話，一直使我十分嚮往。文化就在他們的生活中。

每個人都是自己生活的主角

觀念領導行為。什麼樣的思維就有什麼樣的行為和結果。

對於文化改革，政府和學者、專家，已有很多的方案在做。近年文建會推展社區文化是很好的成功示範，從引導到各社區自發，由環境整潔、環保，到自然資源、地方景觀、特產生產、文化資源等的發掘、利用、分享，短期內已使許多社區有了新的面貌。這樣的朝野全民運動，使社區文化發芽、生根，實在值得稱許。

政府在文化改革中，是火車頭或助產士？這可能因事和階段而有別。但政府要營造「懷孕」的條件與氣氛，和成爲推動文化搖籃的手，則責無旁貸。

我希望：

請政府建造和提供更多的、實用的活動空間、場所和設備，讓更多的文化活動可以讓更多的人參與。另外，請政府中的首長或政治人物，在參加文化活動時，多尊重文化工作者，請不要只搶著上台唸些別人寫的「致詞」，露了臉就揚長而去。說要來就準時，來了就當參與者，不是做秀者。

「上行下傚」的影響力很大。請首長說話誠實，也請謙虛。台灣國民年平均所得一萬二千美元，首長們天天自誇是全世界欣羨的「台灣奇蹟」，沾沾自喜，好像是全球第一名似的。新加坡的國民所得是台灣的一倍，爲二萬四千美元，但他們的總理要求新加坡人：「我們沒有資格當先進國，因爲我們的國民道德很多人還停留在石器時代的水準。我們還要大大的努力。」

我們總不好由上而下向社會鼓吹「膨風文化」吧！

最後，我衷心希望朝野共同來推展讀書風氣，一如推展社區文化、四健會活動一般，在社區、社團、企業、學校中推展讀書會，或推展個人、家庭讀書風氣。也可在學校中將讀書會列入課程之一，讓學生從兒童開始就習慣閱讀、吸收、表達、研究各種知識，使閱讀成爲生活中的一部分，也是生活中的一種享受。

如果我們的生活能這樣與文化結合，文化就在生活中，每個人是自己生活的主角，這樣的人一定是不一樣的人，這樣的生活也一定是不一樣的生活，這樣的地方也一定是不一樣的好地方。

原載一九九六年十月《文訊》一三二期

【吳榮斌】文章發表時任文經出版社負責人，現仍主持文經出版社。

調合整理

邁向未來的台灣居民文化

◎許博允

在廿世紀末，放眼未來，對於整個台灣文化環境做深入的省思，會發現台灣文化所具備的體質相當複雜，以下針對台灣文化的特性以及面對這些特性現有的反應模式加以觀察，希望能對從事文化的工作者，提出一些實際的建言。

台灣風貌繁複的「居民文化」

近年來大家暢談「本土文化」或「原住民文化」，但從整個台灣歷史事實觀察，這兩個名詞並不十分精確，因其所指陳的只屬於部分事實，而不夠周密。雖說台灣最大的族群是閩南族群，然荷蘭、法、英、西班牙、日本甚至美國等勢力先後涉入。或從人類學的觀點來看，東南亞一些鄰近國家如菲律賓、馬來西亞的種族遷徙都可能與台灣發生關連。所以現在通用的「原住民」一詞的涵義，只指的是泰雅族、布農族、阿美族等……，但實際上應有比現在的「原住民」更早的原住民存在。

從歷史的傳承、種族的融合等角度來看，無論是「本土文化」或「原住民文化」，這兩個名詞與台灣特殊的文化經驗都有著相當的落差，所以我認爲「居民文化」一詞似乎更貼近台灣文化的神韻。更進一步而言，用心仔細的體會台灣文化，莫不與台灣的居民發生百分之百的關係，當然中華文化的洗禮是最主要的部分，但任一外來的種族的移入或管理，都會下「文化蛋」，當其孵育成形後，對於居民的價值觀、思維向度、生活方式都會發生化學作用，甚至物理效應，產生具體的影響。在多種族群共處之下，台灣所形成的文化風貌，實在遠比世界上任一華人地區都來得複雜。

放眼未來，以現在電子媒體的無遠弗屆，資訊的迅速傳遞，使得世界文化的交流極爲便捷，國界亦逐漸泯除，所以在不久的未來，台灣的文化樣貌將更形複雜。

思考文化課題的迷思

我們常常聽到人們談到「如何建立理想的國家文化行政體系」、「如何做好社區文化的總體營造工作」等問題，事實上這些思維方向，容易導致人們在思考文化問題時陷入一種迷思，當然追求理想的心理是正面積極的，但要想達到所謂理想的文化行政體系，往往問題叢生。因爲文化無所不在，它是活生生的，絕不可用一種「斷頭式」的方式，將文化扭曲擠壓在一個罐頭之中，在硬塞之下，文化定會變形，如此一來便會形成僵硬的文化行政體系，因爲若不經過時代的洗禮與階段性的調整，其後果反而極易造成文化發展的障礙。

而所謂的「社區文化的總體營造」更要謹愼，若總體營造目的是想藉著去蕪存菁的工作，從粗俗中挑選出文化當中的鑽石時，操作者的文化涵養若是不夠，一個不愼，不但鑽石尙未挑出，就連珍珠也一併掃除了，這種危險的動作，不但錯誤，更會直接對文化的體質造成汙染。所以主其事者，若不能親身活在文化中，不能眞正體認文化的好處，那麼就如不懂開車的駕駛，只會把大家帶向錯誤的道路上，甚至撞山，造成無可彌補的遺憾。

調理整合，邁向未來

台灣居民文化的質素中，有一點相當特別，就是對外來文化的「排斥性」不高，以歌仔戲爲例，幾乎能在轉瞬間就將外來品納入表演之中，但限於各代藝人人材的素質，高下不同，表現往往就精粗不一，專精性不同，但對外來者不排斥的特質的確展露無遺。另外更明顯的例子，如美國的速食文化風行台灣大街小巷，日本的卡拉OK的歡唱、速唱文化盛行，在在說明台灣對外來文化的吸納力實在很強，有時甚至比歐美都快。加上科技之便，利用電腦網路連線，更能立刻接收到大量的外來資訊。

既然台灣的文化體質事實如此，那麼需要做的事情應有二方面，首先在心態上，面對文化課題時先拋棄狹窄、封閉的心態，從事評估文化者的學養要積極提升，對於文化的交流，應建立通暢的聯絡管道，提供大量的學術資源，引進外來文化時注意消化與反饋，以及對冷門團隊提出保育計畫。另一方面，在硬體設施上，較之日本每個月有一個公共表演場地的建立，香港每年有一個，我們的速度眞是瞠乎其後，請千萬不要讓建設流於口號，應該去除層層虛設的關卡，表演場地的匱乏實是要解決的當務之急。

總之，處理文化問題，從現在起，不宜再用抽刀斷水的方式，那只會徒勞無功，宜用調整整合的態度去面對問題，因爲文化是自在的，例如現代科技使得一些傳統文化沒落，但確實提供了資料保存更新更好的形式，使得傳統文化的保存容易許多。所以在處理時隨時保持一種調整的機動性，才能配合台灣文化的眞實特性，使我們在未來享有更精緻豐富的文化內涵。**（林積萍記錄整理）**

原載一九九六年九月《文訊》一三一期

【許博允】文章發表時任新象文教基金會執行董事，現任國際新象文教基金會行政總監。

表演藝術是觀察當代文化的指標

◎李炎

二十世紀末的今日，在社會多元發展的形態之下，文化發展並沒有明確的路標。反映出文化生態縮影的表演藝術，就成爲觀察當代文化的指標，以及形塑新世紀文化的起點。

文化的多元風貌

所謂多元的文化，指的是來自傳統、現代的糾葛，中國、西洋、東洋文化的交纏，乃至社區的、本土的、國際的文化意識之混融。表演藝術夾在其中，左右爲難。比如說，文化扎根應提倡本土文化，可讓廟會活動搬上舞台，但如何由俚俗進而精緻、如何訓練其表演藝術的精緻優劣？這當中種種標準很難論定，於是執行上就碰到「選擇」的問題。在兩廳院搬演的節目，一方面要顧慮表演品質精緻，一方面要顧慮票房、票價，一方面要顧慮節目宣傳；一方面要顧慮傳統，一方面要顧慮現代。各方面都要取其中道均衡兼顧；但這種兼顧並非如大雜燴一般，只求多樣性的呈現，而是反映社會的文化生態，於是乎兼容並蓄地展現出當代表演藝術文化的多元風貌。

畢竟，表演藝術若缺少觀眾就稱不上是表演。像法國等歐洲地區的人們，多把觀賞歌劇當成日常生活的必需品，每週起碼安排一次，視爲休閒活動；但在我們的社會，觀賞精緻文藝活動的風氣未開，藝術人口尚待培養的情況之下，要讓弦歌處處聞，並非易事。究竟我們的藝術人口在何處呢？年輕人一直是兩廳院的主要觀眾，年輕人比較敏感、容易接受新事物；此外近幾年來，兒童節目只要一推出就場場爆滿，小孩子在父母的陪同下一起觀賞表演，自幼即培養觀賞精緻文化表演的習慣，將來國民的文化素質必然有所提升。像這樣耕耘的工作必須現在就做，如果由此維持一小環生機，文化生態會隨之成長，無論是對兩廳院的定位、演藝事業的發展、運作等，都將有所裨益。

不能只是紙上談兵

從整個社會來看，政府有責任維持表演藝術的生機，尤其是近年來社會經濟不景氣，文藝展演首當其衝成爲犧牲品，大部分民間團體相繼宣告營運不濟的情況之下，政府成爲唯一有力的支柱。比如說「藝術下鄉」的活動，讓地方父老也能欣賞如「雲門舞集」等馳名國際的團體現場演出，實在是不錯的構想。不過理想雖然不錯，規劃上也提供各地文化中心必要的人力與財力，但實際演出時，地方上配合不夠，造成節目演了卻沒有觀眾，沒有觀眾就失去表演意義的虎頭蛇尾的局面。所以在規劃與執行上，必須要使許多環節緊緊相扣，才能成事。像現在我們改變了作法：把精緻的小型演奏，如小提琴、長笛、喇叭等組合一下，送到群眾之中；這個送不是送到文化中心去，而是直接送到工廠、學校去——工廠中也有愛好此道者，我們只是替他們解決必須爲此跑台北一趟的不便。像這樣的活動，其目的皆爲培養藝術人口、拉近藝術與群眾的距離，是服務而非營利賺錢。如此一來也一改從前爲人詬病的「衙門」作風，眞正成爲民眾與藝術間的橋樑。目前兩廳院的營運更加入精神於其間：除了降低節目製作成本、提高工作效率外，更把每年維修時間縮減，以額外增加可用檔期九十六天……。至於談到地方，文化中心要推動表演藝術，是很不同的——連兩廳院辦活動都如此不易，更何況人力、物力俱缺的地方藝文機構。但是既然做爲政府文化建設的前鋒，就起碼要做到讓人家來認識你——成爲表演者與觀眾之間的中介。中介包括了硬體設備、節目企宣，甚至於整個藝術行政體系——教育部需改組，文建會也是在漸進變化之中，乃至於即將籌設的文化部。由此觀之，政府相關部門應確實界定其工作範圍，而不只是紙上談兵，才是落實計畫的執行之道。

人才從那裡來?

我心中的隱憂還不是政府組織架構的問題，而是人才從那裡來?

文化是與生活、社會相貼近的，文化無所不在，並不像經濟部有個具體的工廠可照管；藝術行政既不是作曲也不是編劇本，而是如何使人愛好藝術；但行政事務要靠經驗累積，所謂行政，就牽涉到預算的執行、技術的執行、人力規劃的執行……等。預算的分配是個大問題，但預算的執行更值得注意，因爲執行不當就是浪費資源。歷年下來文化建設的計畫已汗牛充棟，但眞正付諸執行的則少之又少，所以當今之務是坐而言不如起而行。再則，文化工業的行政組織即使有將也不能沒有兵，即使把現在體制內的文建會轉變身分成文化部，仍將面臨藝術（文化）人才不足的困境。

總而言之，現階段文化資源仍不足，以下幾點是跨世紀文化改革工作必須注意的要點：第一、培養文化、藝術行政人才，網羅各界相關人才；第二、評估目前已推動的文化建設計畫，如社區文化工作檢討；第三、動員民間藝術團體的力量，使之成爲工作夥伴，才能讓充滿藝術的、文化的生活形態蔚爲風氣；第四、適當分配資源；第五、以獻身文化、藝術的精神，推動以民間爲主的、服務民眾的文藝事業。至於民間對於文化、藝術也應有以下最基本的認知：第一、文化是大家的事；第二、爲提升全民文化素質，因此下一代的藝術扎根教育最爲重要。

原載一九九六年九月《文訊》一三一期

【李炎】文章發表時任國立中正文化中心主任，現已退休。

通過廣播，讓文化建設落實在人們的生活中

◎李祖源

文化建設依據性質可以由硬體與軟體的功能上來區分，而廣播在其中所扮演的角色，是一個軟體的宣傳者，將文化建設的本質與內涵，透過廣播宣傳出來，在文化建設的複式宣傳上，這是一個強而有力的方式。

不過也由於廣播具有傳遞「聲音」的特性，節目內容的設計莫不依此而運作，同時它傳遞範圍廣闊，可以打破地區性，讓節目的效果更大。

以近來中廣公司配合文建會的宣傳活動為例，將各地依據「社區總體營造」與文藝季活動，所舉辦的各種具有地方色彩以及民族特性的活動，忠實而迅速的透過廣播呈現在大眾面前，讓文化建設的效果由點而線而面，讓文化建設不只是一種理念與精神，更重要的是讓它落實，眞正的走入人們的生活中。

近年來文建會持續委託廣播公司製播文化性節目，以實際的支持帶動文化氛圍。目前在中廣製播的節目，可以區分為：少數民族類、地方戲曲類、音樂類，分別為：「藝文天地」、「客家風情」、「山海歡唱」、「後山風情」、「音樂小百科」、「音樂教室」、「音樂假期」、「念歌作戲鬧熱滾滾」、「客語天

地」等九個節目，不只獲得聽眾的喜愛，部分節目更獲得廣播獎項的肯定。

基本上，在中廣頻道所播出的節目，希望讓本土文化以更精緻的角度爲出發點，跳脫過去過眼雲煙式的表演性質，將文化藝術更深入人心。說得更貼切一點，這是一種文化教育與扎根的工作，讓文化的氣度與深度更密合，使文化建設更爲大眾所接受與認同。

將來在培養社會文化風氣方面，除了可以透過廣播媒體製播各類文化生活類節目以協助推動外，同時也可以運用媒體的其他資源，經常爲民眾舉辦各種活動，或設立聽友服務中心、社區圖書館等，藉由互動聯誼的方式，讓文化傳播工作落實在全民的休閒生活中。

原載一九九六年十月《文訊》一三二期

【李祖源】文章發表時任中國廣播公司總經理，現任國家通訊傳播委員會委員。

輯四

文化教育：縱向的繼承

文化教育內涵的重新思索

◎簡恩定

提振文化和復興文化的呼聲，每隔一段時間就會在國內出現，以此而言，可見成效並不是很令人滿意。文化本是一種活的東西，除非以歷史宏觀的眼光來予以歸納，才會發現其中的統一性和整體性，否則文化本身隨時在變動者，很難在當代就歸納出一個文化的標準和特色。當我們心中出現「提振文化和復興文化」的念頭時，通常都意味著對當前的文化現象有一些不滿和憂心，甚至於會由心靈深處升起今不如昔的感覺。但是思考如果落入這個模式中，想要提振文化和復興文化便會遭到難以解脫的困境。什麼原因呢？

文化是社會人群生活的現象縮影

因為文化本身既然是活的，是會變動的，就表示它隨時會吸收新的事物而後化作本身的一部分。當文化在吸收並轉變新事物之時，需要長時間的積澱，才能去蕪存菁，並慢慢形成一種新的文化類型，而這種新類型的文化內涵，舊文化的影子固然佔有較多的比例，但是之所以會出現特色，通常是因為摻有新的事物在內。以此而論，文化雖然有新舊，但是要以之作爲文化好壞之分，恐怕並不很適當。更何況文化本身就是社會人群生活過程的現象縮影，其內涵原本就應該隨著不同時空的生活環境而呈現不同的面貌，否則所有人類的文化豈不永遠處於停滯中？

因此，當我們在談論要如何提振文化和復興文化之時，就必須有幾項認知：㈠所謂提振和復興文化的涵義，並不是要以舊文化爲標竿來從事文化的加強教育。㈡既然如此，就必須將當前的文化類型作重新整理。㈢歸納出形成當前文化內涵的重要因素，並加以檢省。如果忽略了這三項認知，要談文化的提振和復興，必然會陷入不合時宜的困境。以下便就此三項認知來作進一步討論。

爲什麼要避免以舊文化爲標竿來從事文化的加強教育？原因其實很簡單，因爲舊文化固然有其優點，但是造就和容納舊文化的時空背景早已消失，我們再如何眷戀難捨，也無濟於事。東山結茅、西山垂釣、竹徑賞菊、品茗聽曲、登城遠眺、以文字爲風流、對眾客醉揮毫，這些文化活動實在不僅令人嚮往而已。問題是我們今日做得到嗎？即使有人能夠做得到，能普及化嗎？如果不能普及化，又如何能以之作爲標竿來從事文化的加強教育？近年來許多的文化活動，往往給人一種唱高調的感覺，就是因爲對文化的認知貴古而賤今。所以我們可以看到每年的文化活動內容，除了捏陶藝、放風箏、玩陀螺、剪紙、作燈籠等等，就是一些宗教的儀典和民俗活動，再加上國內外的著名藝文表演。當然，這些活動對於提升文化品質絕對具有正面的意義。但是，請注意，這些文化活動的內涵，是當前社會民眾生活的現象縮影嗎？當然不是！這些活動的主要意義，大都只是在於滿足現代人的復古情懷而已，以之作爲提振文化的標竿，功效其實是令人懷疑的。

現代社會的文化內涵以科技、經濟為主

那麼現代社會的主要文化現象是什麼？包括那些類型？就成了如何提振文化的重要先期作業。我們如果仔細思索，當會發現，形成現代社會的文化內涵和舊文化最大的不同，在於以科技、經濟而非以藝文爲主。以藝文爲主的舊文化內涵，可以說是個人色彩極爲濃厚，少數出類拔萃的藝文人物，就得以管領風騷，形成一股文化動脈。但是以科技和經濟爲主所形成的現代文化內涵，卻和社會群眾息息相關，已非少數出類拔萃的人物所能左右。舉一個最簡單的例子來說：年節中的高速公路上，如果有一位駕駛因違規而肇事，整條高速公路絕對全部癱瘓；而車陣中的駕駛如果再不耐等待行走路肩，那麼高速公路就成了名副其實的停車場。肇事和行走路肩的駕駛，很可能就是我們的鄰居、朋友，或者也可能是我們自己。台灣的年節塞車文化，於是成形。如果要探討這種塞車文化的形成原因，當然可以長篇累牘的討論，不過也可以簡單地用「不守法」和「有我無人」二句話來予以概括。然後以此類推，我們便會很無奈地發現，「不守法」和「有我無人」正是形成現代社會文化內涵的要素。

「守法」和「尊重他人」是當前文化教育的主要內涵

由於「不守法」和「有我無人」的觀念，在我們的社會中到處充斥，再加上科技和經濟成了現代社

會的主要動脈，於是我們生活中的文化類型，早已不是捏陶藝、放風箏、玩陀螺、剪紙、作燈籠，和一些宗教儀典、民俗活動，或國內外的著名藝文表演等等所能概括。我們每天從媒體上可以聽、看到的，諸如經濟犯罪、環保糾紛、黑金政治、惡質選舉等等，無一不在宣示著以錢養錢、以錢得權、以權爭錢的文化，正在我們的社會中蔓衍。這種現象，絕非提倡一些藝文活動所能消弭的。

因此，想要從事當前文化的改革，文化教育的內涵重點必須有所改變。簡單地說，必須使國人了解並接受，「守法」和「尊重他人」是高品質文化的表現，而這二項，也才是文化教育所應強調的內容重點。

原載一九九六年十一月《文訊》一三三期

【簡恩定】文章發表時任空中大學人文學系教授，現仍擔任該校教授。

文化教育的解構與重建

◎李威熊

透過文化變革改造社會的體質

一個民族的盛衰與國家的強弱，即取決於該民族國家文化水準的高低。我們常常自誇有悠久的歷史文化，是個文明鼎盛之邦。但在近二百多年以來，在歐風美雨的襲擊下，政治、經濟、教育……等各方面都起了很大的變化，泱泱大國之風盡失，於是對傳統文化開始有了反省與檢討。例如從民國初年的五四運動，到中共的文化大革命，首先對傳統文化的懷疑與批判，終而完全加以否定打倒。當然這些運動、革命的出發點，或許是要透過文化的變革，來徹底改造我們社會的體質，進而建設現代文明，一新國家。但是事實證明今天海峽兩岸的社會，仍然存在著許許多多的問題，與理想還有一段很長的距離，這說明過去一連串的文化教育建設，並沒有產生明顯的正面效果，追根究柢，乃在對傳統文化的解構與建構上，是否走錯了方向？

雖然學者給文化下的定義很多，但是從「人文化成」和「多元文化觀」的角度來看，凡是人類所創造的文明，都是我們寶貴的遺產，應該加以珍惜才對；何況中華民族有數千年文化，其精神一直守護著我們子子孫孫的生存和發展。而文明的產生，從起源難免會經歷成長、發展、轉衰、改變、革新、復興……等自然現象，但是相信有其永遠不變的基本精神。文化轉衰，國家自然羸弱。中國自清咸豐以來，面對著強勢的西方文化，顯得疲累而無法招架。當時一些有志之士，爲了救亡圖存，起而鼓吹自強維新，但是最後爲何歸於失敗，就是沒有解構掉傳統文化一些腐敗僵化的形式、外殼和落伍的觀念。簡單的說：沒有以傳統文化的眞精神去檢驗當代政治、社會和大眾生活的種種。即凡不合傳統文化精神者，都必須加以解構更新，才是眞正的自強。就如面對不合仁政的政權，就應該建立一套合理的制度，得以更替。又如禮本來是合情合理，因此社會上一些繁文褥節、不合人性的儀俗，就應加以改進。再如中國文化特別重視「天人合一」、「物我共生共榮」的美德，因此對那些破壞生態、殘害野生動物的罪惡行爲，必須加以嚴懲……等。可惜維新人物缺乏這樣的職見，終於無法挽救滿清的覆亡。

只顧經濟成長，不免迷失了自我

民國以來一些關心文化的學者們，可能出於一時救國心切，又接受一些皮毛的西方文化，就不分青紅皀白的，對中華文化施以無情的痛擊，對中國文化完全抱著否定的態度，認爲中國文化樣樣不如人，唯有全部加以解構，中國才能得救。就如在舊地蓋房子一般，如果不將老屋全部拆除，如何能興建新的大廈。甚至有人更激烈的高喊著：如果不與傳統文化作無情的告別，不但無法建設現代化的新中國，而且轉導致亡國滅種，中共的文化大革命，便是這種觀念所引發的大災難。台灣雖有中華文化復興運動，但是情況並沒有比大陸好到那裡去。多年來只顧經濟成長，也不免迷失了自我，今天國人眞正關心，又懂得中華文化精髓的，恐怕不會太多。由於現代中國人對固有文化的錯誤解構，我們就像被剝了皮、抽了筋的巨人，正躺在病床上。如果要使他恢復元氣、重現生機，不但要解構中國文化腐朽僵化的外表，更要將民國以來一些人士對傳統文化「錯誤的解構」一併解除，如此才能重新建構的中華文化。

重振中華文化的真精神

如何有效建構新的中華文化呢？除了上面所說的要先解構一些不合中華文化本質的東西，和糾正對中華文化的誤解外，第一要務便是要重振中華文化的眞精神。而中華文化的本色，即從「仁心」出發，追求「正德」、「利用」、「厚生」的人本精神。但是文化是人類成就的總表現，其內容無所不包，因此如何將這種精神落實到政治、社會、經濟……以及人民日常生活之中，這才是文化建設具體的重點工作。例如如何以仁爲準則，來建立超越西方的民主政治；以待人寬厚的精神，來尊重人權；以正德的思想去貫徹法治的社會；以厚生的目標來發展經濟和科技；以善群的美德，來建設社會倫理次序；以愛物的心來保護自然生態環境等等；在不違背國情的原則下，適度的引進西方的制度文化，加以消融吸收，如此才有可能迎頭趕上西方文明。這些都是現代中國人應該身體力行的；不能再把國家的積弱、社會的病態，不負責任的推給祖先和文化。

我們是一營集團生活的社會，人與人關係密切，因而發展出人際關係的文化。又人生最重要的任務，便是維護自己和群體生命的延續，因此有形物質的滿足，也是十分重要，而發展出人類的物質文明。又人之所高貴於其他動物者，就是具有高度的理性，所以如何提升人的價值和道德情操，這些便是屬於較抽象的精神文明，中國人向來很重視這種文明，以別於西方的物質文明，但二者並不衝突，且需相輔相成。今天我們要加強文化教育，就是要以傳統的精神文化爲基礎，去光大人際關係的文化和物質文明，這樣我們的文化建設才不會落空。

由於以前對傳統文化的詆毀，造成固有文化精神的失落，若長此以往，想要早日復興民族、壯大國家，則猶如緣木求魚。中共文化大革命的殷鑑不遠，當時基於淺薄的理念，花那麼大的人力、物力去破壞傳統的一切，事後又要加倍的費用去重建，這是雙重的損失。諷刺的是大陸所謂的改革開放，能讓人家看的，還不是原有的山山水水和祖先所遺留下來的一些東西。當今仍然有些人還在盲目的追求以工商爲主的海洋文明之際，如果不能眞正了解和珍惜自己的文化，也絕對沒有能力去了解西方文化，而作選擇性的接受與消融，來豐富我們的文化。所以我們今天談文化教育，我們應該解構什麼？重建什麼？都必須三思而後行。

原載一九九六年十一月《文訊》一三三期

【李威熊】文章發表時任彰化師範大學教務長，現任逢甲大學中文系特聘講座教授。

文化教育的加強

◎傅佩榮

諾貝爾物理獎得主楊政寧先生在一次有關「人文與科技」的座談會中，公開呼籲教育界，要設法讓所有的國小學生在畢業時，「都可以背誦一百首唐詩宋詞。」

理由很簡單，楊先生幼承家學，背了許多詩詞，甚至連《孟子》全文也熟記於心，成為他一生做人處世的原則與理想，由此深感受益良多。科學家的親身體驗提供了最好的示範，值得我們省思。

世界三大文明之間的對峙

在二十一世紀即將來臨的今天，地球上的和平曙光仍遙不可期，我們中國人應該有些什麼準備？我想，美國政治學者杭廷頓的觀點頗有參考價值。依杭廷頓所說，新世紀的競爭將變成三大文明之間的對峙，就是：基督教文明、回教文明與儒家文明。基督教文明代表現代化的主流，如歐美先進國家皆屬之；回教文明涵蓋中東及南亞許多國家，人口眾多，信念堅定。那麼，儒家文明呢？

姑且不論東亞地區的現代化與儒家文明有何關係，至少這個地區的眾多百姓，在觀念及行為上深受儒家教化的影響，則是不爭的事實。然而，這種影響有的極爲浮面，有的極爲刻板，以後中華文化猶如長江大河「挾泥沙以俱下」，優點與缺點並陳，眞僞不易分辨。相對於此，基督教與回教都有明訂的僧侶階層、專業的教義研究者，由此可以長期保持基本信念的純粹性，與時俱進而不離其宗。儒家並沒有這些制度化宗教的條件，而是將其信念融入家庭生活與學校教育中。但是，家庭功能式微，文化似有實無；學校只重升學，也是力不從心的局面。

因此，未來三大文明之間若有競爭，儒家文明恐怕處於劣勢，甚至岌岌可危。這個時候，再不加強文化教育，後果將不堪設想。然而，所謂文化教育，究竟要如何落實呢？像楊政寧先生說，讓國小畢業生背一百首唐詩宋詞就可以奏效嗎？這是値得進一步探討的。

文化的三個層次表現

作客觀的文化分析，任何一種文化都有「器物、制度、理念」三個層次的表現。這三個層次不可截然畫分，因爲文化的主體是人，而人的生命是三者兼顧的。譬如，器物代表了經濟水平與科技發展，與人的日常生活息息相關。一個國家是否先進，只要看看機場、車站、廁所、街道即可；這些硬體設施及其維護，是文化的具體表徵。推而廣之，所有的文物古蹟都是前人留下的資產，必須善加保存；但是，文物並非文化的全部，它是前人創造的成果，提醒我們也須繼續創造屬於這個時代的器物。

其次，制度隨著社會而改進，與人群的關係更爲密切。我國自周初，由周公「制禮作樂」以來，就建立了大體的制度，後代有損有益，但是基本架構相似。到了近代，最大的改變是政權由專制換成民主。「民主」是五四運動時的主要訴求，從民國八年努力到民國八十五年，總算在台灣地區達成了直接民主的理想。它證明了兩點：一、中國人是可以實施民主的。二、以儒家為主流的中華文化，與民主制度並非無法相容的。第二點可以成立，是因為儒家代表的是文化中的「理念」。儒家理念與民主制度並不衝突，亦即：儒家並非民初某些學者所謂的「專制政體的守護神」。理念是文化的核心部分，要加強文化教育也唯有由澄清辨明理念的有效性與可行性入手。

當然，中華文化的理念不只是儒家，還有道家，以及佛教的一些基本信仰。佛教是一種宗教，相形之下比較屬於個人的機緣與抉擇。儒家與道家是哲學，以理性解說宇宙與人生的基本原理，既可以在客觀上討論，也可以在主觀上印證，因此適合做為文化教育的題材。以儒家為例，講求忠恕，建立和諧的人際關係，堅持道義，同時不忘在奉獻社會時，取得個人的成就。這一套思想言之成理，可以即知即行。但是，我們還須深入探問：何以必須如此？為何不能「見利忘義」？為何要「舍生取義」？又為何必須「求其心安」？這個時候的思辨就會導入「人性向善」的立場，由解析人性著手，提出完整的詮釋系統。又如，道家鼓勵人回歸自然，減少物欲，保持心靈的自由與清明，這是憑藉智慧得到的解脫，是分辨價值眞偽之後的超越立場。若是講解不得法，年輕人可能學到的是消極的厭世或自我放逐，可謂「未蒙其利，先受其害」。

全盤規劃文化教育

我簡單以儒道二家爲例，說明文化教育不只是增加教材與授課時數，也不只是記誦古代的觀念與術語，而是必須經過研究、理解與詮釋的。一個人的心得未必可以放諸四海而皆準，但是若不先肯定這些文化理念深具意義，值得認眞對待，並且在各級學校進行公開的討論與具體的實踐，就無法重新展現其活潑的生機與動力。我們所要的中華文化，不只是一大堆典章制度，一大串歷史人物，也不只是輝煌光彩的文物與古蹟，同時還有儒家與道家所展現的理念。這些理念昭示我們如何選擇及安排人生各種價值，如何因應與調適人生各種處境，進而活得踏實、快樂而有尊嚴。

文化教育需要全盤規劃，使學校所報導的與社會所呈現的互相配合，然後才能深入人心。我們希望下一世紀的中國人不但活出儒家文明，並且活得成功而驕傲。

原載一九九六年八月《文訊》一三〇期

【傅佩榮】文章發表時任台灣大學哲學系教授，現仍擔任該系教授。

文化教育與教育文化

◎葉海煙

台灣的教育一直在人與非人的一切之間搖擺不定。近來的教改主張除了制度面與技術面的斟酌之外，也多少觸及文化面與思想面的問題。其中，顯然放入了不少「人」的思考進去，並特別關注人與社會、人與土地，以及人與這整個世界（包括未來的世界）這些與文化攸關的重要範疇，它們似乎應該成為台灣教育的重心所在。

在「人的教育」的大前提下，我們是該檢討文化與教育二者互動的關係及其效應。其實，教育本身就是文化的一環，而且是極其重要的文化活動，甚至可以美其名爲「文化建設」。教育確實有「建設文化」的大目標與大功能。不過，如果這個大目標未經縝密的思考，並予以仔細研擬商定，那麼那大功能便極可能付諸流水；一切看來都照章行事，中規中矩，結果卻老是在框框裡打轉，在制度裡打混，而裡面的人不僅越來越不像人，甚至教人向非人的一切低頭稱臣，於是文化不見了，教育也就這樣被葬送了。

當然，我們不必太過悲觀。只要有人在，有眞正的人在做事，也同時在做人的話，我們的教育便有希望，希望來自一個個從傳統走出來，而正準備一步步經由現代踏向未來的人，這些人如果能在教育的各個場合中自由自在地現身，並發揮各自的專才與通識，那麼我們的教育當然有救。不過，該如何讓教育之中有眞人，也讓眞人不至於被拒於教育的門檻之外，這就非進行文化教育不可了。

文化教育其實是教育的總稱，因爲文化包含了一切，而一切屬人的主客觀資源，也都可以放入教育之中去釀造文化，去助成生活的目標——目標是做眞正的人，做眞正的事，而讓這個社會眞正適合人生活。

展望我們的文化教育，至少有三個主題須全力以赴：

㈠**反省過去**：過去的一切是文化發展的總成果，這其中包括所謂的中華文化、台灣文化、世界文化及本土文化。我們是該在反省中自我惕勵，而進一步瞭解過去，珍惜過去。因此，如何形塑富有意義的歷史教育實爲當務之急；如何在歷史教育之中將中華文化與台灣文化作有機的整合，並使世界文化和本土文化攜手合作，不再心存疑忌，也不再固步自封，而讓世界走入本土，本土走向世界，這豈是死抱老古董的怠慢之徒能夠如願以償？

㈡**關切當下**：生活其實都在當下展示它的美善與奧祕，而文化的活力，也必經由每一副血肉之軀作最得意的揮灑。然而，當下不是分分秒秒，因此我們也不必急於算計我們有限的時間。文化與急功近利的心態往往背道而馳，它彷彿踱著方步，一步一腳印地走向下一個「當下」。十年樹木，百年樹人，如今卻是三年五年，就可拿一張文憑向世人誇示。其實，我們要的當下是非有文化的、人格的與心靈的意義不可的。因此，我們關切當下，即關切每一個人、每一顆心，而這是非進行人格教育不可的。

㈢**眺望未來**：教育必須永存希望，文化必須永保邁向未來的活力。而教育的未來人人都得參與，無論是教授者或受教者，誰都有分——是權分也是理分，更是本分。至於文化的未來即是我們這個共存共榮的共同體的未來，若要它光明燦爛，不能沒有一套完整的社會教育，而其中更得有活力充沛的思想教育，以便在人人心中顯豁未來的遠景與文化的意義；也唯有如此，我們的教育才不至於斷代或斷層或甚至了無生機。

總的說來，文化教育是全面的，是草根的，是需要從生活的底層與社會的基層根本做起的。而若要它奏效有成，則須先建立足以累積教育資源並加以運用活用的教育文化。所謂的「教育文化」包括硬體與軟體的所有的教育設施、教育制度及教育理念，其中自有人事物的糾結，也自有其生機暢旺的活水源頭——這不僅止於校園文化和校園倫理，也不限於權力的運作與利害的交接。

顯然我們的教育文化尚未臻成熟穩固。近年來在民主化的大浪翻騰之下，有些教育場合簡直滿目瘡痍。不過，揭露了問題，攤開了內幕，總是一件好事。而眼前亟須解決的問題，也至少有二個：

㈠**民主化**：喧騰數年的校園民主或教授治校，已然弊利互見。而若要具體落實校園民主，首先必須培育民主的文化內涵——最核心的部分便是人人相互瞭解並彼此尊重的涵養與胸襟。權力往往使人人針鋒相對，然文化與修養則讓人人因自尊自重而相互合作。

㈡**人性化**：在科技當道之下，教育的硬體似乎勝過軟體，有形的及應用性的科研成果，也總是比學術人格更易於得到的喝采和利益。長此以往，人本身便逐漸在量化與物化的趨勢下凋零或萎墜，這未始不是教育文化的最大的危機。因此，如何鼓舞人文學術以重振教育的文化慧命，實爲一項深耕扎根的工作，這應該比論文競賽或爭搶經費要來得重要。

㈢**理想化**：如今課堂與校園所以不斷出現亂象，或腐化症狀的根由，端在講台上下之間已逐漸失去理想的光采。在權力宰制與商業勢力大舉入侵之際，師生於是不再刻苦自勵，甚至出現了利益交換的庸俗與苟且敷衍的鄙俗。理想永遠是文化的光源，是教育學術不至於萎靡不振的根本原因，而理想無法單靠制度或組織加以護衛，它亟需教育中人主動地以一份清明的醒覺予以照料，並以務實的心態仔細呵護。

我們的教育縱然百病叢生，但只要文化不死，教育便如粒粒種子總會有萌芽吐葉的一天。而文化不是土石的構建，也不是言辭的堆砌或概念的演繹，它是活的，動的，有生命力的。如今，在有形資源日益增加的這個時候，教育與文化確有了枯木逢春，再造明日的絕佳機會。因此，如何讓文化通過教育的脈絡而綿延不絕，同時讓教育因文化的滋養而長保健壯的機能，實爲所有教育工作者與文化工作者不能不全力以赴的大業。

原載一九九六年八月《文訊》一三〇期

【**葉海煙**】文章發表時任東吳大學哲學系副教授，現任東吳大學哲學系教授。

法治、教育與創造

◎許建崑

每次在高速公路上遇到塞車，總有人利用路肩超車；看他們揚長而去，讓排在車陣裡的駕駛朋友咬牙切齒。爲什麼會發生這樣違法而不公平的事呢？我反覆想了想，這不就是國內「文化現象」的共同特徵嗎？楊梅以南，兩線道的路面，常被爭道的大卡車塞死了。交流道出口太小，車子回堵，影響行駛。如果車道可以增多一線，大卡車、小汽車各有遵循，又能實施定速駕駛；交通警察在尖峰時間確實執勤，減少駕駛自私僥倖的心理，交通就會大大改善了。社會上其他的法規制度，是否也跟交通一樣？如果法規制度設置合理可行，執法客觀公正、嚴格有效，公民教育成功，人性啓發得宜，知識分子參與改造，這個社會還是大有希望！

只有法治才能保證民主自由

或許是傳統文化的薰陶，我們總渴望在聖君賢相的帶領下，過著「如沐春風」的日子，享受「帝力于我何有哉」的自由生活。這樣的「自由」，可以因個人的才能與魅力，爭取更寬裕的生活空間，可以在短暫的時間累積財富。但所有的獲得，不出三代，又將全部喪失。加以昏君亂臣總佔多數，亂世總比治世多。偶然一見的治世，人存政存，人亡政息，也是曇花一現。亂世，生命、財產又得重新「分配」了，這就是古代的「平等與自由」。

要累積國力、保障百姓的生存權，實施民主憲政制度，建立法治社會，是唯一的道路。民主，雖然會使社會上「雜音」較多，減低施政「效率」；但從另一個角度來看，正可以減少施政者的視覺盲點，考驗施政者的智慧，並且共同分擔「命運共同體」的成敗得失。英雄救贖的宗教情懷，存在於神話之中；民主國家的領導者，不可以只有「犧牲奉獻」的熱情，而沒有尊重異議、維持憲政的決心。

教育為國家百年大計

「教育爲國家百年大計」，這句話不假。我們此刻的種種文化現象，無非是幾十年來教育成果的展現。我們的教育成功了嗎？知識的灌輸、幼童智能的開發、權利自主的追求，以及個人勤奮的努力，都有亮麗的成績。可是中學以上，受限於升學考試制度，背誦「知識」卻缺乏對知識的熱愛，辨識「對錯、利害」而缺乏多元思考的訓練，掌握「本位」而少爭取實質自主的本領。學校畢業走進社會的人們，能夠布置一個美侖美奐的住家，卻不能拿掃把去掃住家以外的公共區域；喜歡短暫無目的的休閒，而無法感受眞正的「心靈自由」；相信健美、長生之學，而不知開闢一個健康的生活環境，就好像喜歡帶著氧氣筒而活在空氣渾濁的煤礦坑裡。這樣的生活品質，這樣的文化標的，我們能夠健康而愉快嗎？

教育改革的工作，需要不斷的推動下去；不要相信一種思想、一種方法，可以「放諸四海而皆準」。世界局勢在變動，社會漸漸轉型，價值觀點會改變，教育工作當然要跟上腳步。最近，中研院院長李遠哲與教育部長吳京聯手，開始強勢的教育改革，是值得喝采的。能夠打破入學考試平頭平等的迷思，讓學生不為「卡位」而讀書，才可以找到眞正的「興趣與學習」。傳授知識之外，注重人格養成，講求人性尊嚴，尊重職業分工，泯除威權痕跡，克己復禮，這個社會才有「新文化」的氣息！

文化的緬懷與創造

文化的定義，如辭海所載：「人類社會野蠻而至文明，其努力所得之成績，表現於各方面者，為科學、藝術、宗教、道德、法律、風俗、習慣等；其綜合體，則謂之文化。」拋開民族情結，用客觀、理性而分項的方式，來剖析五千年來悠久的中華歷史文化。老祖宗優越的文化成就，自然歷歷在目；晚清以來漸入頹勢的文化窘境，也無所遁形。我們要自傲，還是自卑呢？每與異族爭戰、混血、交融，不是又有新的文化契機？合乎「窮則變，變則通」的道理。日本文化中，不也留存了盛唐的泱泱風采嗎？「禮失求諸野」，這也是客觀事實。

立足台灣，如何去緬懷五千年中華文化？上古以來，所稱岱輿、岱員、瀛洲、夷州、東鯷、流求，是否都是台灣別名？歷經明人開墾，西、荷入據，成功復台，清人經營，割讓日本，終戰光復，迄今也四百年有餘。隋唐河洛母語偶爾也加入平埔、西、荷、日及英美各種語彙。穿著打扮、生活習慣、思考模式，大部分都歐化了。除「堯、舜、禹、湯、周公、文、武」代代相傳的道統之外，很少有「戴巾穿袍」或「纏足紮辮」的樣板印象了。

殊不知在世界縮小成「地球村」的時刻，我們還放不下「中學爲體、西學爲用」的迷思？文化有強大的可塑性，誰引用了，就是誰的，還管什麼世界、中國、台灣？或許因爲陌生，因爲高漲的政治獨立意識，所以看不見傳統中華文化，是可憐的。而高舉著「中國」旗幟，有意無意忽略台灣文化的特殊性，也是可憐的。

只有創造「台灣文化」，才能對得起炎黃祖先

最初的台灣文化，自屬原住民文化。隨著漢人的遷入，中華文化獲取主導的地位。然後在歷史的洪濤裡，歷經戰亂與異族統治，接受了外來的文化經驗，尤其是日本的科技與文明。二十世紀中葉，因爲海峽兩岸政治分裂的緣故，以及國際科技文化的普遍，經過了五十個年頭，結合島內人民的生活意識，已經發展出與大陸迥然相異的文化風格。我們不能夠因爲海峽兩岸的政治考量，而放棄台灣文化的本位思考。政治的歸政治，文化的歸文化。兩岸事務，我們當然要盡最大的努力，但同時也要做「最壞」的打算。兩岸文化，我們更希望能相互交輝，共創佳績。

在教育立場上，尋找台灣文化根源，改善現今的文化弊端，健全未來的社會，責無旁貸。老人家常說：「樹大了要分叉，孩子大了要分家」；只有創造「台灣文化」，才能光耀「中華文化」。在這樣的前

提下，大專院校中文系裡開辦「台灣文學組」，甚或另開「台灣文學系」，又有什麼不可以呢？

原載一九九六年八月《文訊》一三〇期

【許建崑】文章發表時任東海大學中文系副教授，現仍擔任該系副教授。

心靈饗宴閱讀21

◎蔡敏麗

誠品書店新搬遷時，曾在文化新聞裡引起最熱門的騷動，「今夜不打烊」的營業時間不是主因，熱鬧是因爲愛書人的帶動，驚喜的是書店怎有可能像百貨公司般鑽動的人潮。這家複合式的書店，令人感動，不是因爲內部的設計、裝潢以高品質及明亮、舒適的動線取勝；而是爲兒童用心設計的閱讀區，以及方便讀者查詢的電腦查書功能。

兒童閱讀區類別清晰的陳列，盡收國內外兒童讀物之精華；圓形設計的中央區坐著一群聚精會神的小朋友，原來有個叔叔正操作著滑鼠，講解著螢幕中播放的「老鼠娶新娘」。在這寸土寸金的東區，經營者有這樣的理念，爲兒童建立起書店中小主人的一席之地，那份眼光與勇氣是值得令人感佩的。

二十一世紀閱讀文化

「文化教育」的深耕，不只是學校、家庭的口號，更重要的是社會責任，如果，媒體只願意提供政治、娛樂新聞，經營者永遠只想到開大型量販的玩具城，在科技愈進步的今天，相對的閱讀需求應該是可以量大到用氾濫來形容。事實上卻是不然。記得在一場雜誌眾家好手雲集的座談會上，某位知名的雜誌社社長曾提出了精闢的看法，他問道，科技日新月異，電腦日日更新，可是，當二十一世紀來臨時，你家的水準又在那裡？是不是也隨著國民所得的提高呈正比的成長著？城鄉的資訊平衡嗎？

這幾年，因爲工作的關係，經常有機會到國外去看些國際性的書展，而印象最深刻的莫過於這兩年籌辦香港、新加坡國際書展。去年的香港書展，我們和朱天文、張曼娟、鍾阿城、詹宏志以及時報開卷版的主編莫昭平，一起前往舉辦了多場的演講會。那幾天，我們也成了媒體追逐的焦點，原因是我們出版品的豐富性、多樣性與國際性，早足以讓這些作家具備Star的架式。

今年在舉辦新加坡國際書展時，我們又請了劉墉、張曼娟、曹啓泰前往，每場演講不但是坐無虛席，更是站得水洩不通。劉墉先生的演講，竟然還有讀者遠從麻六甲、檳城趕來，那種震撼與吸引力，令人久久無法忘懷。

在這樣的國際性書展中，這種現象究竟代表著什麼意義？帶給我們的又是怎樣的一份文化省思？我們是否因太容易擁有而不自知？我們是否因爲在出版者用心的耕耘中，已提供了太豐盛的文化產品，以致無法珍惜？

如果書香像花香

如果，我們也可以像法蘭克福那樣，擁有一個世界書香日；如果，我們也可以不要因爲有台北國際書展才有了讀書月；如果，我們的假日書市也可以像假日花市般，有絡繹不絕的人潮；如果，假日時，家長能以逛書店替代百貨公司Shopping；如果，假日時，家裡的電視機可以整天不開，而用來共同閱讀；如果，每個家庭都鼓勵孩子們的零用金，應該至少有百分之三十花在買書的用途上；如果，可以像日本一樣，在乘坐捷運的車途上，養成幾乎人手一書的習慣；如果，我們可以擁有許多完整、大型的社區圖書館……這麼多的假設，如果也都可以美夢成眞，不知是否可以開啓二十一世紀書香之門？

記得去年，曾因爲飛彈效應，而普遍影響了景氣，出版業也在一片亮起藍黃燈的議論中，得到了幾項具體的結果，分別是：一、對社會環境中不合時宜、不利於出版的法案，應設法加以改變。二、推動研究出版、流動績效的團體或環境。三、有效的推廣讀書風氣。四、共同結盟拓展海外市場。五、成立基金會，解決出版問題。六、成立出版學會以利出版研究。

這些項目，或許都以出版業者爲大前提，但是，出版業者的最終使用者是大眾讀者，如果在每一個角色扮演上，無論是出版社、發行商、書店，或者是政府單位、學校、家庭都能共同思考：我能、我應該如何爲文化教育盡一份心力？相信在即將到來的二十一世紀，我們都可以有精彩而美好的演出。

原載一九九六年十月《文訊》一三二期

【蔡敏麗】文章發表時任《出版流通月刊》編製總監，現仍服務於出版界。

傳統戲曲藝術的傳承

◎柯基良

傳統戲曲來自於一般大眾生活之中，伴隨著歲時節令、宗教祭儀而緊密地融合在整體社會的文化網絡間，具有提供休閒娛樂、凝聚地方情感、促進社交聯誼的功能。而隨著時空的急遽變遷，傳統戲曲瀕臨沒落的危機；社會結構的轉型易位，縮減了戲劇展演的空間與時機；五花八門的大眾娛樂，提供了視聽享受的各種聲光刺激；升學取向的教育制度，忽視了戲劇教育的引領與認知；功利速成的價值觀念，淡然了對人文歷史的繼承與省思。

當代戲曲出現了許多問題

當然，戲曲本質上也出現了許多問題：如劇本文學的荒蕪單薄，無法多元的反映人生百態；情節主題的陳舊老套，無法深刻地批判社會現況；腳色形象的刻板平面，無法眞實地傳達人物特性；演員技藝的生疏僵化，無法細緻地表現表演藝術；器樂唱腔的貧乏單調，無法生動地營塑舞台時空；導演觀念的模糊生硬，無法整體地設計劇情推衍；以及戲劇美學的凝固局限，無法眞切地發揮現代意識等。

這些主客觀的因素在互爲因果的循環下，使得傳統戲曲在現今社會演變爲「小眾文化」，而影響到其抒情言志的機能發揮，商業經濟的市場趨勢，與觀眾層面的開發拓展。那麼究竟要如何才能使傳統戲劇在現代的新文化地圖上，再度煥發出眩目迷人的風采，進而成爲社會文化中不可或缺的精神地標呢？我們一方面要恢復傳統戲劇的民間活力，與社會生活重新契合互動；一方面也希望透過政府政策的制定，給予傳統戲曲更多的發展生機。

過去，傳統戲曲團體常對政府文化政策提出批評與埋怨，認爲政府所提供的資源太少、所編列的經費不足、所預設的立場太多、所制定的規章不善等。誠然，有時候是官方與民間的溝通不良，在認知上與作法上的差距而造成誤解。然而若是政府與戲曲團體，雙方能夠建立起有效便捷的溝通管道，摒棄個人本位主義，凝聚大家的共識，相信定能在互信互諒的前提上，攜手爲戲曲藝術的建設而同心努力。

營造整體文化環境的優勢氣息

因此，政府文化行政機構有必要成立研發單位，統籌規劃具有整體性、前瞻性、系統性、層次性的文化建設藍圖，將戲曲藝術與社會文化涵融整合，以產生深遠的社群影響。另外，也廣泛結合學界與業界的力量，借重學者專家的學識視野，去督導豐厚表演藝術的精神內涵；尋求企業界的贊助支持，讓戲曲團體能享用充裕的社會資源，作出更符合時代脈動的戲劇藝術。

由於戲曲必須扎根於生活之中，才能夠傳承延續。因而也唯有透過教育體制的吸納，從引領中逐漸認知，從陌生中逐漸熟稔，在無形中涵養薰陶，進而親近喜愛，方能使戲曲教育成爲藝術生活的一環，普及於家庭與社會之中；再者，也可藉由各種教材資料的編撰，以深入淺出方式介紹傳統戲曲的特質，讓社會各層級都能輕鬆地從各種資訊網路，去了解戲曲演出、研習與傳承的種種文化訊息；並且配合祭典節慶的活動，拓展搬演的空間，讓戲曲能夠呈現鮮活的舞台生命。

而戲曲人才的培育薪傳，一方面應考慮設置傳統戲曲專門學校，或就現有位階予以調整，敦聘學有專精的藝人與學者擔任師資，安排設計不同階段的課程內容與學制；一方面也透過各種研習會、講習班的開設，針對劇本的編寫、技藝的訓練、編導的技巧、舞台的設計、音樂的創作、劇場的管理等方面，作深入的分析研究，以營造整體文化環境的優勢氣息。並對於即將成爲「廣陵絕響」的表演藝術，或年長的傳統藝人，能夠運用視聽資料的製作，以及書面文字的記錄，將其珍貴的藝術資產保存下來。

讓各劇種相互學習借鏡

傳統戲曲因爲地域人文環境的不同，以及語言聲腔的差異，而產生許多地方劇種。這些地方劇種各有其不同的藝術特質，有的以音樂聲腔的悅耳動聽取勝，有的以劇目題材的深刻細密感人，有的以演出形式的鄉趣活潑討巧，有的以特技絕藝的巧妙精湛稱絕。如果這些劇種能夠相互學習借鏡，在保有自我藝術特色的原則上，以開放的視野建立親密的關係，相信一定能夠在觀摩汲取中，刺激彼此的成長，激發多元的創意。

一齣精彩絕倫的劇作，既能表達深度的思想意識，又能體現歌舞藝術的特質，還能契合觀眾的審美需求，引起廣大的迴響與共鳴。所以傳統戲曲從選材、表演到觀賞的數度創作過程中，都必須經由全體的參與籌劃，才能夠形成高度綜合的舞台藝術，這種群策群力的團隊精神與默契，其實正是我們推動文化建設中所不可或缺的動力。因此，如果能夠成功地將戲曲藝術傳承提升，那麼文化扎根與文化大國的理想，將指日可待。

原載一九九六年十一月《文訊》一三三期

【柯基良】文章發表時任國光劇校校長，現任文建會主任祕書。

輯五

文化交流：橫向的聯繫

如何建立正確的「國際文教交流宏觀」

◎余玉照

國際文教交流不斷加速推展的今天，我們有愈來愈多的機會接觸外來的文化。面對外來文化時，應該抱持何種觀念與態度，方能有助於改善不同文化之間的相互溝通與瞭解？首先我們要指出：我們希望透過文教交流活動，具有不同文化背景的人們能夠基於平等、互惠之立場，願意彼此尊重，相互學習，同時致力於國際問題之共同研究，以推動國際間的協商合作，營造各族文化眞正「共存共榮」的和平盛世。從紛擾的現實層面上來看，欲建立這種共識並非易事，然而，我們仍須爲發揮國際文教交流之積極功能而共同努力於此一正確共識之建立。爲此，以下幾種基本觀念深值探討。

一、認清文化多元主義超越文化帝國主義的趨勢

文化多元主義之基本信念在於肯定各個文化之存在價值與其自主的發展空間，從人類整體文化的發展角色觀之，這種信念符合社會自由化與多元化的發展需要，也最能激發高度的文化創造力。在這種巨大力量的刺激下，人類文明將飛躍進步，無有已時。

相較之下，文化帝國主義對於附屬或被殖民的弱勢文化之發展造成不利的影響，湯林森（John Tomlisnon）在《文化帝國主義》一書中針對媒體帝國主義、資本主義文化、現代化、民族國家文化以及全球化等問題產生的各種重大影響，作了深入的剖析，我們可以清楚看到許多文化的自主發展空間，在文化帝國主義的強勢影響下，受到嚴重的擠縮壓抑，因而助長了全球文化日漸同質化的趨勢。依據湯林森的分析，目前全球化（golb-alization）逐漸取代了文化帝國主義，各大區域之間相互依存與連續關係從而不斷加強。（註①）由於全球化之趨勢難免會削弱各國文化的凝聚力與創發力，所以，爲了有效緩和全球文化同質化的加劇，各國文化仍須秉持其文化自信心，透過種種努力去維護其應有的文化自我。

奈士比和亞伯丁在《公元二千年大趨勢》一書中指出文化民主主義（Cultural Nationalism）在全球生活方式逐步統一化的過程中，應發揮其應有的功能：「面對增長中的同質化現象，我們大家都必須設法保存我們的自我，不論是宗教的、文化的、國家的、語言的、或種族的。」（註②）此一論點完全符合文化多元主義的理念。畢竟，世界文化大一統之局勢並不值得追求，唯有讓各個文化在同中有異，異中趨向的同時，展現高度創造力，塑造獨特之風格，才是最有助於人類整體文明之蓬勃發展。

二、肯定不同文化之間彼此尊重相互學習之意義

杭廷頓在〈文化的衝突〉一文中舉出很多實例來解釋他所謂「文化衝突理論」，其基本論點是說：

「文化歧異既實在又重大，文化意識在增強中，而且文化衝突會成為國際間的主要衝突。國際關係原本是西方世界的排列組合，但是爾後會日益非西方化，而非西方化的文化會成為重要的行為者。不同文化的群體衝突，將會更多、更久且更火爆，而且最有可能升高為世界大戰。」（註③）這篇發人深省的文章，對未來世界可能的發展情形似乎抱持相當負面的看法。不過，如果他所作的種種推斷將證實為正確的話，那麼，我們便有更充足的理由堅信國際文教交流的工作是何等的重要。杭廷頓在該文結尾所揭示的正是不同文化必須相互包容的正確訊息：

從長期而言，西方世界就得再採取其他措施。西方文化是現代的，也是西方的。非西方文化一直試圖找出一條可以現代化，但卻不必西方化的道路，但是，迄今只有日本成功。非西方文化仍會繼續努力去取得與現代化意義相稱的財富、科技與武器，也會致力調解這種現代性與其傳統文化價值之間的扞格。非西方文化的經濟與軍事力量一定會增強，對這些實力漸漸逼近，但是價值理念及利益卻大不相同的非西方現代文化，西方世界勢必要有所因應。西方當然必須維持保護自身利益所需的經濟與軍事力量，但是，西方也一定要更深入了解其他文化的宗教與哲學思想，並且要明白這些文化體系下的人民，如何看待自身的利益。要找出西方與其他文化之間的共通性，諒必相當艱辛。未來不會出現一種普世皆準的文化，人類仍然會生活在一個不同文化並存的世界，因而這些文化必須學習共存與共榮。（註④）

是的，在這個「不同文化並存的世界」裡，只要屬於各個文化的人們能確實以具體有效的行動去達成「共存共榮」的目標，便能對世界和平之促進作出可喜的貢獻。許倬雲先生對人類終將融合成「全球共同體」抱著樂觀的想法。他在〈建立傳承傳統、發揮己長的文化體系〉一文中寫道：

當前世界文化的大方向是趨同，而不是分歧。一方面，世界上雖有不少不同文化圈，但在彼此接觸日益頻繁之後，因為交流與互動，各地的地區文化，已呈現大致相同的面貌。……另一方面，人類社會的組織已超越過去的社區與社群，這種大型的複雜社會，甚至已不能由「主權國家」的觀念，當作組織的終極本位。同樣的，複雜社會的內部多元與彼此的互依，也使人類群體的單位，日益融合，勢將走向全球共同體。（註⑤）

許先生對「全球共同體」的逐漸形成寄予厚望，基本上便是肯定了文化交流與互動所能發揮的正面功能。如與杭廷頓的觀點相較，許氏可能多少淡化了文化分歧的嚴重性，但兩人對不同文化之間應力求「共存共榮」，都各有一番期許。

三、了解文化交錯現象所導致的文化變遷情形

由於文化交錯的速度、深度與廣度正與日俱增，吾人如欲建立宏闊平衡的國際視野，必須對文化交錯現象所導致的文化影響有所認識。馬里諾斯基在《文化變遷動力學：非洲種族關係探索》一書中，針對此一問題評論道：「兩種以上文化接觸時，絕不會機械地交融在一起，因為它們將會交互影響，而這種影響將產生衝突（conflict）、合作（cooperation），或導致妥協（compromise）。」(註⑥)這段話所指出的三種文化交錯影響，可以在現實世界中找到無數的印證。當我們身處文化交錯的情懷中，究竟應如何對待外來文化——是要與其衝突、合作或妥協，便成為非常複雜而又嚴肅的抉擇了。如何在本國文化與外來文化之間尋求一種健康的互動關係，的確是現代人亟須正視的重大課題。

造成文化交錯影響的微妙過程，當然也是值得探討的問題。鐘鳴旦先生在〈中西文化交流的研究與本位化概念〉一文中，用「知識社會學」（sociology of knowledge）的方法，舉出「適應」（adaptation, accommodation）、「本位化」（inculturation）和「文化傳入」（acculturation）等理論，來闡釋這種過程中的種種狀況。他以傳教神學（missiology）為例，指出「適應」就是指「傳教士可以在某種程度內，使自己適應外國的文化，以便傳入福音。」(註⑦)「本位化」則指「中國基督徒用他們本地文化概念和想法來解釋神學，並形成一種中國的神學。」(註⑧)，此外，佛教的「中國化」也是「本土化」的顯著實例。至於「文化傳入」「就是外國文化占了優勢：那就是說外來的成分改變本地的文化。」(註⑨)凡

此種種現象，在在說明文化交錯發展有產生各種不同後果的可能性。

從這些複雜的文化變遷現象中，我們更深一層領悟到，建立正確的文化交流宏觀是非常重要的。有些人對外來文化抱著極端敵視或鄙夷的態度，而有些人卻一味崇拜外來文化，對本國文化缺乏信心或敬意，這兩種態度均屬偏頗不當。一個國家民族的文化欲求長遠穩健的發展，既不可落入文化沙文主義的陷阱裡，更不能自甘淪爲外來文化帝國主義的附庸或殖民地。唯有藉著高度理智的批判作風，才能使本國文化與外來文化之間建立一種密切而健康的互動關係，也才能從文化交錯的經驗中汲取最大的益處。何時應該「擇善固執」？何時不得不「敝帚自棄」？何時最好「兼容並蓄」？這些都是須靠正確的文化交流宏觀主導始能審慎研判的問題。

四、塑造優良的文化風格

每一種文化都有可能對人類的總體文化發展作出或多或少的貢獻，爲了使這種貢獻盡可能擴大，每一種文化都應該塑造其特有的優良風格。從文化交錯的觀點來看，優良的文化風格至少應具備下列幾個要素：

㈠它是不斷演進的，而非停滯不前的

文化是變動不居的有機體，必須與時俱進，才能得到永不枯竭的生機，也才能不斷地發揚光大。在許多不同的「文化」定義中，泰勒（E. B. Taylor）所下的定義廣被引述：「文化是……複雜生活的整

體，包括知識、信仰、藝術、法律、風俗，以及人們作爲社會成員所學到的其他各種能力與習慣。」（註⑩）文化既爲生活的全部，而生活無可避免地受到時空環境變動的持續影響，所以文化必須因應這類變動而不斷演進。促使文化演進的助力很多，值得在此特別強調的是在傳統之上力求創新的重要性。若某種文化傳統固步自封，與生活脫節，勢必逐漸喪失其原有的活力。但如果能在其原有的基礎上有所創新，便可以注入新的文化生命。例如寫毛筆字以前須先磨墨，後來改進爲沾墨汁，如今仿照自來水鋼筆的作法，而發明了自來水毛筆，不啻爲傳統的毛筆文化注入了珍貴的活水。至於透過文化交錯途徑，使外國文化和本國文化經由融合而再創造的過程，也是刺激文化演進的一大動力。日文與韓文皆從中文裡擷取不少重要元素，而創發成爲新的中語體系，便是大家熟知的實例。

㈡它是力求獨創的，而目安於模仿的

不同的民族享有許多共通的文化資產之同時，仍各自擁有無限的開發獨創性文化特色的空間。過去日本曾在許多方面模仿歐美，但漸漸地懂得運用原創力，盡力摒棄模仿，終於獨樹一格，建立日本品牌的國際地位，這是值得借鏡的範例。外來的文化我們不可好壞通吃，照單全收。例如台灣夏季炎熱，不宜把西裝當作正式場合的禮服，所以我主張應研創啓用具有適地風格的「舒雅裝」，以打破西裝在夏日的權威。菲律賓、馬來西亞或沙烏地阿拉伯等民族都各有合乎適地原則的服飾文獻，彌足珍貴。任何成熟的文化都發揮了高度原創力，所以在某些重要領域裡自成一種獨特體系，其發展受惠於相當充足的資源，故顯得獨立自足，而不必依附於外來文化之上。例如中國的儒家思想自成一博大精深的體系，造就

了中國文化的高超風格。可見，文化風格的高低與展現文化自我之原創力的大小成正比。

㈢**它是敏於批判的，而非甘於盲從的**

不同文化之間的接觸既然無法避免，那麼屬於各文化的群體自須秉持批判的態度，對外來文化審慎地加以篩選過濾，始能為自己文化之健康發展帶來正面助益，這種積極而嚴謹的作法，是防範負面的文化交錯影響之良方，過去我國有些知識分子倡議所謂「全盤西化論」，姑不論其產生之動機與時代背景為何，顯然違背了文化多元主義下追求文化自我之重要理念。王新命在〈全盤西化論的錯誤〉一文中強調吾人不應該對西方文化採取「不問好壞長短都願全盤接受的態度，對於固有文化，又採了不問好壞長短都要全部唾棄的態度。」（註⑪）他所堅持的正是批判的態度，他說：「對於中國固有文化能『去其渣滓，存其精英』；對於西洋的文化能『取長舍短，擇善而從』；在化學的方式下產生一種中國本位的文化。」（註⑫）事實上，各個獨立的文化皆適用此種文化本位觀點。李光耀先生在接受美國記者札卡利亞（Fareed Zakaria）訪問時，便明白地表達這種觀點：「坦白說，如果沒有西方的優點來引導我們，我們一定還未能擺脫貧窮落後……但是對西方文化我們不要好壞通收。」（註⑬）李光耀先生對西方文化抱著嚴厲批判的態度，所以能夠剖析西方的優缺點，堅決反對全盤西化。

㈣**它是理智包容的，而非刻意排外的**

如果對外來文化刻意採取全面抵制的敵視態度，則與「全盤西化論者」一樣，犯了一項武斷的錯誤。不同文化之間的溝通管道必須保持暢通，彼此才能經由相互學習與刺激，獲得有助於成長的養分。

如前所述，文化沙文主義或文化義和團心態是不可取的；唯有包容的胸襟始能期求可大可久的文化建樹。英文演變為當今最強勢的國際語言，原因固然很多，但其中最根本的因素當推英文的巨大包容性，英文廣納其他許多語言中之精華，故能不斷成長，猶如江海不擇細流始能成就其浩瀚壯盛之景觀。美國文化也顯示了很大的包容性，所以塑造了非常開放而多元的文化風格。雖然美國社會究竟宜以「大熔爐」（melting pot）或「沙拉碗」（salad bowl）之意象來比喻較為貼切，曾引起相當有趣的爭論，但無疑的，美國社會頗能寬容文化多元主義之發展應是普遍的共識。我國文化源遠流長，也充分顯現了文化包容力的價值。

以上所述乃是從幾個不同的角度切入文化交錯的複雜現象，藉以說明正確的國際文教交流宏觀應該建立在有關文化變遷發展過程與文化風格形成要素的種種理念基礎上，同時強調在若干前提下，積極推動國際文教交流乃是符合時代潮流而且具有重大意義的工作。

我們堅信地球村必須在正確宏闊的國際觀指引下，開拓彼此協調合作與學習的空間，增進相互的了解與友誼，進而促使人類整體的文化得以蓬勃發展。

在聯合國憲章裡可以看到此一理想的生動陳述：

> 本憲章的簽署國相信所有人皆有完全平等的接受教育機會，可以無礙地追求客觀眞理，以及自由從事思想與知識的交流；一致贊同堅決開發並增進其人民之間的溝通管道，藉以促進相互了解，並對

彼此的生活獲致更爲眞切透徹的認識。（註⑭）

國際文教交流是整體文教建設中非常重要的一環。作爲今日地球村的村民，我們只要能秉持前面所述的國際宏觀，深信必能順利推動此項工作。由於篇幅所限，無法在此詳述有關具體措施的構想。最後，謹提下面兩點作爲本文的結語：

一、文化輸出與輸入以及文化消費與生產必須兼籌並重

在文教國際化的潮流中，許多國家政府紛紛採取各種措施，企圖順應此一潮流，並從中獲取多重利益。美、英、法、德、紐、澳、加、日、韓、星等國莫不如此，我國當然也不例外。以澳洲爲例，近年來該國政府與民間合作推動教育國際化，不遺餘力，成果輝煌。我曾於民國八十三年十月初出席澳洲教育國際發展組織（IDP）主辦的第八屆國際教育會議，目睹澳洲政府、學術、企業觀光旅遊各界聯手把「教育輸出」當作一項專門企業來經營，得到非常深刻的印象。後來我數度出席亞太經濟合作組織（APEC）之下的教育論壇（Education Fourm）會議，進一步認識到澳洲及其他會員國無不憚精竭慮，想在國際教育領域裡共同合作的同時，追求各國文化教育的不斷發展。因此，我深深了解今後我們必須秉持非常宏闊的國際觀，一方面積極推展國內文教建設，一方面依照前面所陳述的基本原則與方法，大力促進國際文教交流，始能在競爭與合作同時並行的國際文教社會中，建立有尊嚴的文化學術主體地

位。葛里分（Willis H. Griffin）與斯本司（Ralph B. Spence）在其合著之《國際合作教育》書中揭示「偉大教育」（The Great Education）之理想：「偉大教育將有必要幫助全世界所有民族，獲致一種建構於相依互持而非孤立之上的獨立新定義，同時建立對全人類與全世界的忠誠，以增益其對國家的忠誠。」（註⑮）換言之，只要我們能刻意發揮高度的文化生產力、消費力與競爭力，我們就能同時嘉惠各民族文化與人類整體文化的不斷進展。

二、天下為公興文教，世界大同樂交流

這是我在國際文教處處長任內，爲該處所作的一副對聯。此聯可以說已十分簡明扼要地揭示了我對國際文教交流所懷抱的理想。人類總體文化欲求永遠蓬勃發展，最有效的方法就是走文化多元主義路線，唯有如此，才可能使人類文化的大觀園永遠「百花齊放，百鳥爭鳴」！在此理念引導下，我們面對外來文化時，不會一味的爲排斥而排斥，也不會盲目地崇拜或盲目地全盤接納。我們要理智地截長補短，並與各民族集思廣益，共商國際問題的解決之道。我們的終極目標是「共存共榮，世界一家」。古聖先賢提倡大同世界的理想，展現出何等偉大的胸襟與智慧，眞是令人肅然起敬！二十一世紀再過四年就到來了，我們有足夠理由相信：只要所有地球村的村民，都能在平等互惠的原則下，互相尊重彼此學習，那麼，二十一世紀必將帶來國際文教交流一片無比壯闊的前景！地球村的朋友們！讓我們勇敢而歡欣地迎上前去吧！（註⑯）

註釋

① John Tomlinson, *Cultural Imperialism: A Critical Introduction*（Baltmore: The Johns Hopkins UP, 1991）, p.175.

② John Naisbitt and Patricia Aburdene, *Megatrends 2000: Ten New Directions*（New York: Avon Books, 1990）, p.117.

③ 丁連財譯，〈全球文化衝突的時代來臨了？〉，中國時報，民國八十二年六月二十五日，第二版（譯自 Samuel P. Huntington, "The Clash of Civilizations?", *Foreign Affairs*, Summer 1993, pp.22-41）。

④ 同上。

⑤ 許倬雲，〈建立傳承傳統、發揮己長的文化體系〉，聯合報，民國八十三年四月十二日，第二版。

⑥ Bronislaw Malinowski, *The Dynamics-of Culture Change: An Inquiry Into Race Relations in Africa*（New Haven: Yale UP, 1961）, p.26.

⑦ 鐘鳴旦，《中西文化交流的研究與本位化概念》，神學論集，第八八期（民國八十年七月），頁二九五。

⑧ 同上，頁二九六。

⑨ 同上，頁二九九。

⑩ E. B. Taylor, *Primitive Culture*, 轉引自Tomlinson 前書，p.4.

⑪ 王新命，〈全盤西化論的錯誤〉，樊仲雲編，《中國本位文化討論集》（中和：帕米爾書店，民國六十九年），頁二七六。

⑫ 同上，頁二七三。

⑬ Fareed Zakaria, "Culture Is Destiny: A Conversation with Lee Kuan Yew." *Foreign Affairs 73:2*（March/April 1994）:126。

⑭ 轉引自Tomlinson 前書，P.15.

⑮ Willis H. Griffin and Ralph B. Spence, *Cooperative Interational Education*（Washington, D. C.: Assocication for Supervision and Curriculum Development, NEA, 1970）, p.37.

⑯ 本文摘錄自余玉照所撰〈迎向國際文教交流的壯闊前景〉，該文原發表於教育部國際文教處民國八十五年六月十三日至十五日在台北舉行之「國際文教交流學術研討會」。

原載一九九六年九月《文訊》一三一期

【余玉照】文章發表時任教育部高教司司長，現任德明技術學院應用外語系講座教授。

如何面對外來的東西文化

◎傅述先

由於族群意識，人們對外來人都深懷疑懼。過去小說及電影中的外星人均很凶殘，這當然是人們自己心理的反映。直到最近人們漸漸注意關心太空，外星人才在小說及電影中變得善良：外表笨拙，內心敏慧，並且有一腔懷鄉的深情。

停止盲目崇尚日本或美國

我們現在來看今昔兩次「跨世紀文化建設」，痛感在鴉片戰爭之前，華人對本國文化已失去了信心。無論是主張君主立憲的維新運動，肯定民主共和的新文化運動，乃至後來否定一切的文化大革命，都沒有找到中外與新舊的平衡點以求發展。在台灣最近五十年來，大家一直是崇尚外國，開頭是美國，不久又加上日本。筆者記得在中學時期，難得看一場電影，對國片與港片不感興趣，對美片及日片卻很入迷。

現在請讓我們看看即將來臨的廿一世紀，提出幾個問題來具體地討論。首先，我們應該停止盲目地崇尚日本或美國。據說日本人的模倣能力常能產生「青出於藍」的效果，可是不善獨立創新。他們的明治維新更能保持日本的傳統文化精神去學習西方的科技與制度。後來我國的五四運動，乃至中國大陸的現代化，則是在空間上移植西方文化，在時間上則與本國文化的新與舊完全脫節。

筆者通過英文譯本，讀了不少日本古今文學，深爲其強度所感動。可是文化比文學更廣闊，筆者對日本實際的草根文化，了解極其淺薄，充其量不過是個觀光客的印象而已。本人但覺日本城市整齊，商品的品質好。日本人說話算數，紅燈就是禁行，禁煙就是禁煙。據說下個世紀人類活動的舞台是在亞洲與太平洋地區，今天世界的發展趨勢，注重開放與合群，最近的公布，世界經濟競爭力最高，是美國、新加坡、香港與日本，正可代表亞洲與太平洋地區。

今天在台灣，放眼世界，政治的界限愈來愈不清楚，經濟與貿易的來往卻愈來愈熱絡。尤其是文化的交流，可以使即將來臨的廿一世紀變成文化的世紀，因爲文化是一片生機。廿世紀的普遍殺機已使人們眞正懂得怕死惜生了。文化最經得起時間的考驗，往往流於老生常談。「文化」即使言「改革」，也是普及的常識重於突破的靈感。上文提到我們直到今天，多少還是在崇尚美國，可是下文本人不宜又重彈一次人人的老調，而只提到肯定的文化交流，並且提出一兩點問題以供思考，就正大方。

文化交流值得肯定

本人在美國求學、工作、定居，已走過三十年。據我了解美國文化的精神，正是誠心地提出問題，接受批評。這可能是因為美國還是個很年輕的國家，還在不斷生長。人們老是說，中國文化悠久，美國沒有文化。今天在美國的生活與文化基層，卻有些事情是台灣早就可以做到，卻還沒有做成的。例如美國與社區人口成正比的公共圖書館，現在大多已隨時間發展成資訊中心。在加州鄉下我定居的社區，任何人均可以走進中心去找到自己需要的資訊。

美國的少數民族，包括原住民與亞洲移民，都有他們受白人欺壓的血淚故事。例如華工所建從美西到美中的橫貫鐵路，通過高山深谷，艱苦萬分，成就卓絕。這一半鐵路，與愛爾蘭移民所建，從美東到美中的鐵路相銜接，完成了首條橫貫美洲大陸的鐵路。從美東到美中，地勢平坦，還沒有從美西到美中地形與情況的慘烈與壯美。據說建鐵路時，愛爾蘭人常飲威士忌，華人卻每天喝綠茶。華人的苦力中，居然有童叟，並且備受欺侮、虐待，甚至殺害。對華人，人生儘有享受不了的快樂，卻沒有忍受不了的痛苦。

由於華僑在美國，一直表現得如此艱苦卓絕，又因為美國的獨立宣言與憲法精神，在廿世紀下半美國的外交政策已變得更開明，華僑在美國最近才得到認同。政治一直是上層的雲霧，文化才是基層的根源。有人說，世界公立大學的模範，是加州大學柏克萊校區。幾年前，在華人校長田長霖的領導下，校譽更像該區的鐘樓一樣筆直向上。加州大學人才濟濟，來自世界各方，有吞吐校旁太平洋，促進亞美兩大洲交流的懷抱。

不久之前，我在台聽見中廣新聞台在節目「咱走過的路」中，報導多年前，北市螢橋國小的教室中，忽然闖入一個瘋漢，亂灑硝鏹水，導致兩名學童失明。報導到此為止。這個故事和我去年暑假在加大看的英文報紙故事正好銜接上。其中一位男同學姓官（？漢語拼音），最近在加大工學院或醫學院以全校第一名畢業。由於失明，他從小讀書都要用手摸，因此每本書都是又大又厚。

富於移民口音的英語

在加州的學校，社區及資訊中心，很流行公開演講及小型討論會。加州的華人已不怕公開演講，而演講時更不怕用自然而帶有口音的英語侃侃而談。曾有人教英語，強調要說得像英國的皇家英語，使得很多人不敢開口，效果如邯鄲學步，後來連自己文化認同的根基都失去了。

如果以倫敦、牛津、劍橋一帶的皇家英語的標準，那麼在美國為何又有大不相同的標準美語？加州的學校，目前還是實行雙語制，同時注重學生的母語與英語。曾有人鼓吹，在學校及公開場合只准用英語，包括日裔上任加州參議員，幸而被多數選民所否決。但是在不久之前，美國在公開場合是只用英語的。

當代在加州的華裔女作家如譚恩美等人，作品透露出來的是母性的神祕聲音。它來自中國文化的根源，表現出來是有華僑口音的英語，多采多姿。另外，在東南亞華僑的英語，與所謂標準英語或美語相比，也像墨西哥語比西班牙語更富於音樂性。富於移民口音的英語，給英語世界提供了獨特可喜的地方色彩。總之，皇家英語是一種從上向下扣帽子的標準，而移民的英語則是從下向上自然茁長的結果。

【傅述先】文章發表時任中正大學外文系教授，現已退休。

原載一九九六年七月《文訊》一二九期

迎向外來的東西洋文化

◎蘇其康

傳統的史家一提到中國歷史的輝煌時期總會漢唐並稱，但在有漢一代，匈奴爲患，而李唐雖盛，幾亡於回紇。不過這兩個朝代終於撐過來了，並且在危機中充實了自己文化的內涵。漢代因爲匈奴寇邊頻仍，所以派了張騫去通西域，與西方民族和文化作較有系統的正面接觸，把中國人單一角度的想法和價值觀擴張了，對一向被瞧不起的戎狄有了更正確的認識，而唐季，在擋不住西域諸民族往中原內徙之後，也逐步接納了西域文化的事物，這些史實例子不勝枚舉。

文化的變與不變

清季以來，我們大量地同時引進西洋和東洋的文化。因爲外來文化的輸入，使我們對自己的文化有反省的機會。但一旦提出「如何面對外來的東西洋文化」時，好像我們自己的文化已被入侵，產生了危機一樣，尤其目前正爲本土文化意識高漲之時，外來文化似乎已構成了威脅。

如果文化是人們歷來行爲和生活模式，各地的情形便難以劃一，不過在相近的空間和地點大致上應有某種程度的雷同。喊出如何面對外來文化時，好像清季以來的隱憂還沒去擺脫，就是歐風美雨正在腐蝕我們文化的根基！

不過在我們連自己的文化是什麼也認識不清時，外來文化的關注只會成了奢談。目前在台灣地區，我們的生活方式，尤其是政治上的觀念和傳統的中國人政治結構差異很大，在民生的經濟觀念上也和前代殊異，但在大家的心底，某些精神寄託、倫理架構、語言表達，甚至部分美感的認同都有牢固的傾向和依附。然而因爲大多數人的政治觀念改變了，有心人便怕不久連文化認同的基礎也會動搖，外來文化便在迷霧中成了部分人士政治角力場的害群之馬。其實情況不必然會演變成這樣。

近年來，本土文化甚囂塵上。不過部分的倡導者只看得到地域色彩而忘了傳統。但傳統在那裡？最少我們應該追索到明清之際的中國文化，更上層的文化結構當然是中華民族的詩書禮樂傳統，而其中的「樂」早已融合了當年西域的絲竹音律和胡舞。文化有一個求新求變的內規，但也有不變的部分，那便是傳統。沒有傳統的文化體系是幼嫩的，難以發展醇厚的美育和人際關係，所以談本土文化首要之務就是不能和傳統對立割切。

「新」從那裡來？

其次本土文化在求新之際，我們會問「新」從那裡來？一部分固然是自我更張，另一部分必然爲外面的激素。一百多年前日本明治維新成功了，表面上是日本的西化，其實不然。基本上日本把西歐的制度精神放在日本傳統的「士」階層中重新推廣。今天日本固然有不少地方西化，但也有更多典型本土（含傳統）文化的特徵。可惜因為中日抗戰的陰影，到今天我們仍有不少知識分子，對日本文化的瞭解停留在軍國主義、商略主義的層次，部分文化界人士也只是透過日本來模仿二手的歐洲文化特色而已。值得探索的是，我們到底有多少人對大和文化有眞正深切的認識？這不是單純花幾年時間學會了日本語便可為功。如果東洋文化有它的優勢，我們該如何見賢思齊？如果只讓它的庸俗次文化成為我們、特別是年輕人模仿的範本，那才是我們要擔心的事。

再說西洋文化，這是個很籠統的觀念。就以我們最熟識的英美兩國而言，我們有多少人精通他們的典章文物？他們的思維和價值觀？從清代張之洞的中學為體、西學為用口號到今天，我們看到了西方文化的什麼特色？西方文化的精神在那裡？它對中國文化的衝激是什麼？我們看到的強勢西方文化，到底是否為西方文化的精髓？西方文化的積極進取，為什麼到了東方地區會變成侵略行為？法律的精神和守法自律，為什麼能夠在西方國家推行，而難以在我國生根？西方文化不別親疏的博愛做法，為什麼可以落實在他們生活中？他們的人文精神，為什麼我們無法深入理解？西方文化對我們而言，眞的是一種威脅嗎？還是我們歷來對西方文化的理解有誤？

文化的包容性

這一連串的問題，需要有人認眞地研究和譯介，不能任憑大家印象式的以聲光化電去判定，然後反過來揣測外來文化傷害到本土文化，或破壞我們的善良風俗習慣。

健康的做法是，我們不單要認識外來通俗的文化，更要吸收他們的精緻文化，包括他們的藝術和文學經驗。文化既爲動態的生活方式，引進部分外來文化，其實是替本土文化注入活水源頭，使它不致僵化，也使它更具國際視野。日本近代作家如夏目漱石、森鷗外等，就是吸收外來文化而從事本土精緻文藝拓墾的成功例子。

如果漢唐之盛也不避外來文化的影響，在我們演繹「文化新中原」之際，我們更有理由延伸到東西洋的精緻文化層面上，不爲沖淡自身的本土性，而在擷精取華，發揮我們文化體系的包容性，配合時代的政經發展，爲跨越新世代作深耕植根的籌備工作。只有在我們不斷地接受東西洋文化的挑戰時，我們更會看清楚自己的傳統，把握本土文化的特徵和發展方向。

原載一九九六年七月《文訊》一二九期

【蘇其康】文章發表時任中山大學外文系教授，現仍擔任該校教授。

推動中華文化在海外延續生根

◎祝基瀅

我海外三千餘萬華僑散居世界各地，但對中華文化均懷有一份孺慕之情，也一直不忘在僑居地傳承中華文化。由僑社重視傳統節慶習俗，以及返國參加研習活動的華裔青年日增，可顯示海外華僑對祖國文化的強烈需求及認同。僑務委員會是政府部門中以服務僑胞為主的單位，而文教服務又是僑務的核心工作，不僅要服務這一代的僑胞，同時也要服務下一代的華裔青年。因此唯有僑教工作的落實推展，方能使中華文化弘揚於世界。茲將有關僑委會推動中華文化在海外延續生根的具體做法，以及未來的展望，略述如次：

一、**輔助僑校中文班**：海外的僑校、中文班均為私辦性質，由當地華僑自行設置。中文班的規模較小，係利用週末假日研習中文；地點多分布在美加、歐洲及紐澳地區。目前海外僑校有三六八一所，中文班有七四〇所，僑務委員會係重點性的給予學校開辦費、經常費的補助；另亦提供教材，充實教學設備，以維繫僑校永續發展。

二、**培訓僑校師資**：僑教工作的成效，繫諸師資的良窳，因此僑校師資的培訓，一直列為重點工作。目前僑委會除聘派廿八名優秀華文教師，在全球重要僑校任教外，也在國內辦理海外華文教師研習會；對於僑教艱困地區如泰北等地，則專案延聘國內資深教師，赴當地辦理師資培訓工作，以提升教學品質。

三、供應僑校教材：爲便利海外推廣華語教學，及鼓勵華裔青年學習中文，僑委會委託國內學者專家，編纂各種華語文及民俗文化之教材，分別以報刊、書籍、錄音帶、錄影帶等方式製作，免費贈送僑校、中文班；另也提供各類參考用書，以充實華文課程內容。

四、辦理華裔青年文化活動：爲增進華裔青年對祖國進步的認識及瞭解中華文化，分別在國內辦理海外青年回國觀摩團、海外華裔青年暑期返國研習團、港華青年返國研習會、華裔青年語文研習班等活動；另外在美加、歐洲等地，舉辦華裔青少年夏令營活動，並由國內選派民俗課程教師，前往各營區巡迴教學，深獲僑界佳評。

五、辦理藝文、體育活動：爲弘揚中華文化並凝聚海外僑心，在全球華僑文教服務中心或華僑聚集的城市，辦理海華文藝季及體育季等活動；另外也遴派國內民俗藝術、體育、民族舞蹈、中國功夫等類科師資，赴海外僑社、僑校教學，以薪傳中華文化。

自本人接掌僑務工作，深覺在政府財力日漸減縮的情況下，僑教工作已無法全由政府負擔，因此提倡「資源有限、創意無窮」的觀念，除了在工作方法上要精益求精，以提升服務品質；另外也必須結合海內外的社會資源，共同推展僑教工作，以擴大服務層面，茲將未來運作方向說明如次：

一、運用社會資源，推展海內外僑教：近年海外新移民日益增多，對於僑教服務的需求亦趨增加，但僑教經費卻日漸縮減；因此，未來僑委會要朝向結合國內教育單位、民間社團及海外熱心僑教人士，捐贈海外教材、認助偏遠僑校，共同推展僑教工作。

二、辦理華裔青年活動，激勵對中華文化的認同：華裔青年願意返國參加文化研習活動，不僅達到父母親期望延續中華文化的目的，同時也能滿足華裔青年瞭解祖國歷史及人文風俗的需求。因此未來的華裔青年活動，不僅在量方面要增加名額，同時在質方面要充實課程內容。

三、利用網際網路傳送華文教材，以利海外華人學習中文：僑委會編印的各種華文教材，對推廣華語教學極具績效。未來將配合時代潮流，製作多樣化教學磁片，供應海外僑校使用；另將所有華文教材上網，便利海外華人獲取所需教材。

四、輔導設立台北學校，解決台商子弟升學問題：我國赴海外投資廠商子女之教育問題，除事關未來國內企業向外拓展之意願外，亦關係憲法保障國民受教育之權益；因此未來不僅要繼續加強輔助現有台北學校的發展，另在台商眾多地區，協助設立符合台商子弟需要之台北學校。

五、深入偏遠僑區，辦理師資培訓：為加強對偏遠地區僑教工作，將聯繫國內中正大學、台灣師範大學選派專業教師，前往緬甸、泰北等地辦理華文教師研習會。同時也將調訓緬甸地區僑校校長、主任返國研習華語文課程，藉此雙向交流，達到提升偏遠地區華文師資水準。

六、連繫海外華文傳媒、宣導祖國國策與傳承中華文化：海外華僑對祖國的現況與未來發展極為關注，因此每當國內發生重大情事，隨即在僑界引起熱烈的討論。爲使僑胞能迅速正確獲得國內資訊，未來除加強僑委會的文宣工作外，同時也將透過海外華文媒體的傳播功能，增進僑胞獲得國內資訊的管道，以宣傳重要國策並傳承中華文化。

文化的認同是海外華人和祖國間血脈維繫的臍帶，這對在海外的第二代華裔青年尤其重要。鑒於此一重大責任，我們將秉持任重道遠的精神，努力做好華僑文教工作，使中華文化能傳揚於世界，並達到海內外同胞共同的期望。

原載一九九六年九月《文訊》一三一期

【祝基瀅】文章發表時任僑務委員會委員長，現已退休。

淺談文化認同與比較詩論

◎紀秋郎

在和世界各地文化接觸頻繁的今日世界中，我們應如何面對外來的東西洋文化？如何判定不同的文化營爲的優劣，進而加以取捨？這些乍看是不著邊際，難以定奪的問題；一般人只是臨機應變，各取所好，似無一定的準則可尋。然而我們參與文化活動時所持的見識，往往有舉足輕重的後果。

無論對於個人、社群乃至國家，外來文化的攝取都應該會帶來滋潤和營養。新文化對整體文化來說是枝葉，而傳統文化則是根幹。在文化交流，新舊內外融會貫通以後，這棵樹木定會呈現一番茂盛的新氣象。令人振奮的新思想、新作爲、新文學、新舞藝、新畫作、新音樂、新工藝等，都可能有舊得發霉的土壤作爲它的根基。

人文素養和文化交流，必須經年累月長期精進，方能竟其業。講求立竿見影或許可以創造科技和工商業的飛速進步，從而帶動社會生活和人文水準的提升。可是，物質文明並不是文明的全部，這應是顯而易見的。在西方科技和軍事力量的逼迫之下，近代東方各國也已逐漸養成科技經貿優先，船堅砲利等於文明的偏頗觀念。德國元老漢學家傅吾康（Wolfgang Franke）於概觀十九世紀歐洲漢學史時寫道，提倡辯證法的德國大哲學家黑格爾（1770-1831）曾斷言「中國沒有（眞正的）歷史。」這眞是歐陸中心主義的典型版本。但是我們能怪黑格爾有眼無珠嗎？

源自西方的近代帝國主義、殖民主義已經瓦解，長崎廣島的原爆曇雲已消散，歷史留下的深刻教訓，是否使人類的智慧長進一些？在跨世紀文化建設大方向中，我們亟須釐清文化認同的涵義，並迎接實利主義和崇洋心態的挑戰。

個人所屬民族，和周遭社群的習俗與文化的認知認同有密切的關係。但是文化非同國籍，隨時隨地自加選擇，這是常情。問題是在急功近利的趨勢和求新求變的風潮中，我們會不會唯歐美馬首是瞻，對於東方的、古老的、本土的卻不屑一顧？對外來學者藝人，曲盡地主之誼，於洋菸洋酒情有獨鍾，取個五花八門的洋名字，或拿張綠卡引以爲傲，這些或許都無可厚非。然而，是不是遠方的牧地總是比較綠，洋和尙一定較會唸經？如果我們的回答不是斷然的「否」，那麼「立足台灣，放眼世界」也只不過是一句空洞的政治口號而已。對於外來文化經常無條件接受，以崇洋、媚洋爲前衛作風，以貶損己國文化爲見識，則所謂「交流」也只是掩飾自我作賤的幌子而已。

薩依德（Edward W. Said）教授以「東方主義」（Orientalism）一詞指西方假設東方無法表達自己的慾望與理念，數百年來企圖控制、重組，或解釋墮落、腐敗、落伍的東方，以爲拓殖東方的藉口。現代東方的悲劇，是在英美的東方年輕人，也吸收了那些似是而非的教條，自甘參與矮化東方，卑視東方文化的「東方化」過程。其教條核心部分，便是把西方視爲理性的、進步的、人性的、優越的；而東方即爲異常的、未開發的、劣等的。

這種文化認同的差距，小則形成個人的挫折，大則可以影響國家文化發展的方向，筆者從事比較文學研究，偶而聽到禮聘來台的外國學者說：「台灣據說已經成爲美國當今文學理論的垃圾場（Dumping Ground）。」另一位問：「我看到一本世界文學理論術語集，五、六百個術語找不出五、六個中國的。我搞不懂中國人爲何如此熱中西方文學理論？」台灣學者答：「我們這些專家學者都是受西學訓練的，對於西方理論，我們只有被動接受的一途。」彼岸的中國學者乾脆承認：「中國沒有理論」。現代中國患了「文論失語症」，筆者以爲：果眞如此，那還談什麼比較文學、跨文化溝通！

誠如在美國執教多年的歐陽（Engene Eoyang）教授說，在美國發展的文學理論多半是爭取名位和商業價值的產物。因此，有許多玉石混淆，令人「信僞迷眞」，那可全盤接受？東西方人的宇宙觀、自然觀和思惟模式都有所不同；東方人對文學藝術的態度，基本上是領悟和欣賞，不是分析和論證。筆者看不出爲何西方的理論才算理論，爲何分析的批評才算批評？在感受挫折時，或發展本土化之前，我們也許應該先省視我們自己文化的資產。以東西文學理論爲例，「神與物遊」比柯雷基的想像論毫無遜色，「風骨論」與讀者反應理論互通聲息，「虛靜」的觀念是創作和詮釋論的精華，「虛實論」是瞭解東方藝術的不二法門，「披文以入情」之「情」字，更是指向現象學批評的要義。

假如我們否定這一切互文互釋的文學觀念和話語，那正是應驗了劉勰所慨嘆的知音之難。只不過它的現代版本是：「喜新厭舊」，不是「賤同而思古」；「貴今賤古」而非「貴古賤今」；「崇人抑己」

而非「崇己抑人」；並且是東西倒錯的「西向而望，不見東牆」。

文化的認同不應只是固步自封於本土的文化，或對外來文化五體投地，全盤接受。而是以開放的視野，認清和欣賞由溝通互釋而衍生的新文化所綻放出來的奇葩。

原載一九九六年七月《文訊》一二九期

【紀秋郎】文章發表時任中正大學外文系系主任，現任東吳大學英文系客座教授。

本土論述，還是文化交流？

◎陳慧樺

什麼是「本土化」？

在目前，一談到文化動不動就會扯到文化殖民或霸權的情況下，我們要如何討論中西文化交流，才不致被貼上各種標籤？最安全的場域就是本土論述，可是本土論述到底是什麼？我們堂而皇之說，本土論述是亞洲各國用以彰顯／凸顯本地文化的一個傘蓋術語（umbrella term），多少有點用來抗拒／抗衡西方文化霸權的一種意識行為，甚至政治策略。可是這樣一來，這一論述就包孕了許多或透明或陰晦的慾望及訴求，激進人士可能更要藉它來打壓其他種種論述，把它泛政治化約為某種宰制力量。如果事情眞發展到這種地步，則本土論述中間所欲推展的善意——亦即維護推展本土文化這一策略性行為——就有可能被掩埋、被挪用來達到某種政治目的。

依據本人非常單純的看法，本土化與國際化（或曰「地球村化」）都是人類文明進階中一直存在的兩種力量。一個部落／國家強盛時固然可能推展國際宏觀思想，一個部落／國家衰微時亦有可能推展這種策略、措施（如清末民初），以期快速吸取先進部落／國家的技術以求脫胎換骨，迎頭趕上其他先進國家。非常弔詭地，本土化往往都是在某一部落／國家在飽經衝擊、意識有點澄清之後才有的捍衛、自救行為，而且依據我的觀察，這種澄清、反省、甚至推展本土文化的行為，往往都要依附某種政治圖騰來進行，遂往往使人覺得這種作為非常容易受到誤解和傷害。

從理論上看，本土化運動以及國際化的推展最好的運作關係應是一種有節奏有節制的拉扯，一旦失去平衡，一個太國際化的社會就像太多西方社會一樣，沒有多少可供留連留戀的因子，在這樣的人文大環境底下吟詠成長的市民，就沒有多少自我以及主體性。往好的一方面看，這樣的市民／國民雍雍然都是世界公民，國際觀瞻非常豐富，可是本土性／本土味呢？反之，過分推崇本土事物也有可能變得眼光如豆，無法吸收甚至可能排斥吸收新知，這樣一來，他／她們也可能變成厭厭然蒼白而枯萎，我們豈能不深加警惕呢？

文化怎麼交流？

既然我們已永遠無法回到鎖國關閉自守的時代，要交流應該如何交流法？對等？不對等？陰迎陽拒？陽迎陰拒？完全開放？既壓抑又開放？既開放又壓抑？在考慮過這些問題之後，我們還要發問，文化交流的政策應由誰來辯論、擬定？策訂之後，又有誰有絕對的能力來篩選、甚至排除某些所謂的渣滓部分？五四以來的中西文化大論辯都是環繞著「中體西用」或「全盤西化」這樣的思維模式來論證「本土化／國際化」這個「要不……就」（either or）的程式。我們現在不禁要問，這種論辯與思考模式是有意義的嗎？如果沒有，我們就可以把脖子埋在沙堆中，完全不理會類似的思考，或是新的思考模式的出現？

在詹明信（Fredric Jameson）所談的這個後資本主義時代，資訊在國際網路、跨國媒體的推波助浪席捲下，一國國民要能不受到各國文化的襲擊幾爲不可能。那麼在此情境底下，要如何保持自己的本體性與文化認同，才不致被某些強勢文化所宰制？我今年有幸參與了兩個有關中西文化交流的國際會議的籌劃，我當然是贊成文化交流的，否則我就不會去參與這種繁鉅的籌劃工作了。問題是，我還是對文化交流過程中，本土文化不斷受到衝擊甚至破壞無法感到釋懷，也就是說，在某種意義上來說，我還是一個文化交流上的本質主義者。我甚至不認爲，文化交流都一定要跨越國界，比如日裔雕刻家諾顧奇（Isamu Noguchi, 1904-1988）的石雕就融鑄了東西方文化，而華裔作家洪婷婷及譚恩美等的小說都結合了中西文化，他們的藝術品就是交流的結晶，跨越疆界對他們還剩有多少意義？

文化的多元思維

八十年代中期之後來臨的這個後殖民論述時代，其中至少有一點是值得吾人肯定的，那就是它促使我們對論述行爲與力量的共謀有較深入的觀察，這使得我們對任何宰制論述所包孕的謀陰與慾望有相當敏感的嗅覺，隨時可以把它們攤開在陽光底下加以解構一審。在此脈絡底下，我是極力主張文化多元主義或文化相對主義的，畢竟這種多元喧嘩總比全世界都受制於一兩個文化霸權有意義多了。別的不說，思維與論述空間不是已寬廣多了嗎？

從本土論述過渡到多元思維，白種男性的文化或大中華的文化宰制也許在某種程度上會受到挑戰，甚至顛覆；可是反過來看，由於有本土論述的出現，可促使我們更樂於去思考其中所可能牽扯到的複雜問題，並促使我們去思考弱勢文化的保存或永遠被取代，以及宰制文化對某些人的暴虐，這種種開放性的思維不是更能促進某種交流嗎？

原載一九九六年七月《文訊》一二九期

【陳慧樺】文章發表時任台灣師範大學英語系教授，現任佛光大學外文系系主任。

從二元對立VS.合而爲一到協商式的文化交流

◎戴維揚

中西文化在十八世紀以前比較強調大一統、勸合不勸分的文化觀。中國的《易經》解說這個道統爲「一陰一陽謂之道」。由此，中國人比較強調陰陽調合、男女相配，兩個不同的個體可以相當和樂融洽地交溶在太極圓（圖）的文化天地。正由於這種圓通合一的人生觀、世界觀，中國人大都認爲心物合一、天人合一、言行一致。基督教《聖經》也一再強調「合而爲一」（〈約翰福音〉十七章耶穌的臨別禱告連續提了五次）。上天造男造女就盼望「二人成爲一體」（〈創世紀〉二：二十四），耶穌也一再重述上帝的旨意「連合二人成爲一體」（〈馬可福音〉十：七）。這種二合一的理念仍然是普世的一種共識（consensus）。

西方近代自從黑格爾（Georg W. F. Hegel, 1770-1831）撰寫《世界哲學史》，將其中東方哲學中國的《易經》陰陽的道理，解說成「中國人的智慧」以及哲學的根源（a philosophic origin）：由陰陽八卦六十四爻所衍生的抽象語言符碼和「抽象的絕對一統和二元的思想」（"abstract thoughts of absolute unity and duality"）（註①）。後來他衍發了世界任何一種正（thesis）的觀念，都會產生一種反（antithesis）的觀念，然後經過一番折衝會產生一種合（syn-thesis）的理念。可惜後來學者大都只看重其中反的負面對立、對抗的衍變和「一大票的對立、相反、矛盾」（"a host of Opposiitions, Contrasts, Contraditions"）（Hegel III, 87）。其中特別是馬克思（Karl Marx, 1818-1883）將這一套辯證法（dialectics）演成他物質的生產過程以及人類階級不斷的血腥存亡的鬥爭（平民向中產階級和貴族的批鬥），和政治、經濟不斷的對抗、對立。

尼采（Nietzsche, 1844-1900）更將西方文化看成由太陽神Appolo和酒神Dionysius兩種對立文化，所衝擊而成的《悲劇的誕生》（*The Birty of Greek Tragedy*），強調文化是永遠不斷地分裂、分化、紛歧。從此大一統普世的共同性（Universal Universality）漸漸轉移爲強調分隔分化的歧異性（diversity）和顛覆的反轉性（reversality），近代學者Deleuze將西方分化的文化，衍生在他近年的兩本鉅著《反伊迪帕斯》（*Anti Oedipus*）以及《分化與重覆》（*Difference and Repetition*）重現西方分化歧異的蛛絲馬跡。其中他指出神聖（divine）可看出分化（divide），因而他推出分化的神觀、世界觀。（註②）

二元對立（binary oppositions）由蘇俄的形式主義（Russian Formalism）提倡以來風行全球。李維·斯陀（Claude Levi-Strauss）提出二元對立建構成單元（unit）的結構主義和德希達（J. Derrida）的解構理論（Deconstructionism）強調「差異性的重覆」（repetition with difference），其中的破綻、未現、斷痕一再顛覆分化。近代學者比較矚目在時間的Differences延拓和異質的差異，Differences甚至專談「負面的辯證」（negafive dialectic）。

然而物極必反，有此學者再一次提出反抗「反抗哲學」而主張「異境溶合」（如 Gadamer 在 *Truth and Method* 提倡 "Fusion of Horizons"）和哈伯馬斯（Jurgen Habermas）提出局部的溝通理論（Local communication）以及「新歷史主義」（New Historicism），主張協商、溝通。

近代學者看似強調分化的文化，其中也都關懷統合宏觀的文化觀。例如一九八五年史金納（Quentin Skinner）編了一本《人類科學：重返巨型理論》（*The Return of Grand Theory in the Human Science*），大量舉例說明當代理論界最具影響力的思潮，都想建立一種普世皆可接受的宏觀敘述：如俄國的形式主義，李維．斯陀的結構主義，甚至於德希達的結構主義。那嘉達瑪的「異境溶合」更可資借鏡。其實好好檢視黑格爾的辯證法，仍可看出最終異質正／反仍可「合」在一起，達成黑格爾所想的 "The Universal Principle"。

格林布拉特（Stephen Greenblatt）在《新歷史主義》有一篇文章〈建構文化理論〉（"Towards a Poetics of Culture"），主張由最早從結構經解構到重構的理論。兩種不同的文化（個體）可經由「周轉」（circulation）、「協商」（negotiation）和「交流」（exchange）達成重新排列組合。（註③）

哈伯瑪斯企待一再的溝通、協商、調整（realignment）、調適（assimilation）、擴張（expansion）達成溝通式的團體（a "communication community"）。個人主義、個體仍然必須在多元文化衝擊下，找出一個暫時的平衡和安適。經過雙方心平氣和的協商、溝通所達成的共識，正是目前可資採納的文化觀。主客雙方達成互爲主體、互爲客體的互動關係，這樣才能達成中國人（世人）所企待相敬如賓、彬彬有禮、和樂同居的社會。

註釋

① 有關黑格爾解讀／誤讀《易經》，可參看*Heggl* Vol. I 121-123.（Lonoon: U of Nebraska P, 1995）。

② Gilles Deleuze and Flix Guattari, *Anti-Oedipus: Capitalism and Schizophrenia*（Minneapolis: The U of Minnesota）以及Deleuze, *Difference and Repetition Trans. Paul Patton*（New York: Columbia UP, 1994）。

③ Stephen Greenblatt,"Towards a Poetics of Culture." *The New Historicalism Ed. H. Aram Veeser*（London: Routledge, 1989）1-14。

原載一九九六年七月《文訊》一二九期

【戴維揚】文章發表時任台灣師範大學英語系教授，現任中國科技大學應用英語系教授。

輯六

政府能爲文化藝術界做什麼？

文化改革的要義也是鬆綁

◎漢寶德

整體氣氛已可預期文化起飛

我國未來文化發展的遠景如何呢？

我個人是很樂觀的，因爲我國整體的氣氛已到了可以預期文化起飛的時候了。如果到廿一世紀還不能邁進文化國度的坦途，必然是犯了不可原諒的錯誤。今天要努力的就是如何避免嚴重的錯誤。

爲什麼這麼樂觀呢？以下是我們正面的條件。

第一，我們是一個愛好文化的民族。過去幾年來，提高文化素養，追求生活品質，已經成了朝野一致各階層人士共同努力的目標。上至總統，下至販夫走卒，無人不知文化的重要。這一點是很難得的。

第二，我們的物質生活已經達到一種水準，有經濟力量投入文化素養的提升。民間的財力充沛，已顯現在企業界回饋社會的心願上。對於自己，對於別人，我們都感到某種責任。

第三，我們的生活品味平均仍然偏低，但是這幾年有令人驚訝的進步，尤其是台北市。其原因是經濟生活提升，使外國的高級產品與各類藝術品充斥市場，無形中改變了我們的品味水準。

第四，開始有了較合理的架構，如國家文化藝術基金會之設立。這表示政府與民間都知道文化的發展潛力在民間，靠政府的力量是不夠的，而且是錯誤的。

這些條件都是實在的，正面的。但是爲什麼文化的實效顯現不出來呢？實因雖然有了這樣的條件，卻有更多的牽絆，使正面的力量凝滯不前。今天要談文化改革，只是革除牽滯而已。

政府的功能在讓文化有足夠的發展空間

說起來也許難以令人相信，台灣文化的發展正是因爲政府的文化行政體系插手太多，才受到牽絆。文化是民間的事業，健康的文化是由民間發展出來的，官僚系統只能阻遏正常發展而已！

難道政府眞正沒有用嗎？不然。政府的功能在於建立法律架構，提供資源，讓文化有足夠的發展空間，得到足夠的營養，以便順利成長。在過去，如文化資產保存法、文化藝術獎助條例之類法律的建立，都是政府推行文化的德政，但是前者內容缺陷甚多，而遲遲不能修改，反而使文化資產的保存遭遇到阻力。這就是政府沒有盡到應盡的責任。而後者，在執行的細則上有很多缺失，使立法美意得不到應有的效果。

舉例說，如果立法鼓勵企業家在文化事業上慷慨解囊，予以足夠的誘因，經費就可以源源而來（強制也是一個辦法，如韓國曾立法強制捐助。）又如立法予古蹟所有人以適當的補償，如建築容積的移轉等，古蹟維護就會得到無形的助力，可惜政府本此之圖，寧願在行政管理上想辦法，而常常徒勞無功。

政府在文化行政上插手文化，其弊端立見。這是因爲政府的權力並不能保證在文化決策上的正確性。相反的，官僚系統卻會扭曲一些價值的判斷。舉例說，由官方辦理的多項文化獎及文化活動，很少得到文化界的掌聲。「官辦」就是浪費資源與政治掛帥的意思。

一個具體的例子，是國立台南藝術學院申請設立七年一貫制的音樂系，文建會的首長們都很贊同。在行政院分會各有關部會的時候，各部會的意見也都是贊同的，保留的意見僅爲法源問題。出人意外的，文建會是唯一極力反對的單位，因此對此計畫造成相當的傷害。這是因爲文建會中某一個人的意見，成爲文建會的意見而具有行政的權威性，像這樣荒唐的例子實在太多了。

在文化發展的園地裡，權威是不存在的。因此政府如果捨棄主導的權力，把國家的資源經由基金會分潤給文化界，而不干涉其價值判斷，就是最好的文化政策。

文化界所懸而不決的問題，諸如本土文化之爭，西化與傳統之爭，實際上都沒有一定的答案或正確的答案。有之，只是個人之意見而已。而這種無定解的不穩定感，正是創造力的火花。所以這些都是不成問題的問題。文化界的從業人員，基於各自不同的哲學與文化觀，走自己的創造路線，成功之後都是對文化的貢獻。如果有一個權威，爲這些問題找到答案，定於一尊，那就與共產黨無異了。

由基金會獎勵民間出資辦文化活動

政府能爲民間做的，是充實文藝基金會的資金，把過去由政府辦的事，或現在正在辦的事，都轉交基金會，並且把原有的經費也轉過去。政府人員減縮，可節省不少公帑。如果不願意把所有的責任交由一個基金會，可以成立另外的基金會，辦理不同的文化補助工作。未來甚至可以學美國的辦法，採用對等的補助法，以獎勵民間出資的文化活動。

千萬不要以爲，成立了文化部一切問題都可以解決。一旦有了文化專權的機構，文化就慘了。我從事文化工作有年，深知政府的管轄權，就是鐵鍊子。一個對文化一無所知的應屆畢業生，承辦你的業務，他的話就是命令。你的上級機關最幫你忙的事，就是不管事，沒有意見，只討論預算。一個有惡意的科長，絕對可以扼殺一座國家級的文化機構。他越是負責任的公務員，你遇到的麻煩越多。這是親身體驗，希望文化界的朋友們深思。

不但不能再設立文化部，今天各部會的業務都要放手，連文化機構都應以公益法人的方式獨立於官僚系統之外。政府只應管付錢，管績效評估。如果能鬆綁如此，就是文化改革的成功了。

原載一九九六年十一月《文訊》一三三期

【漢寶德】文章發表時任台南藝術學院校長，現任世界宗教博物館館長。

建立有效的國家文化行政體系刻不容緩

◎姚榮松

理想的文化行政官僚在那裡？

文化改造是好幾代人的事，立竿見影的文化建設，只限於有形的硬體。比如對於機能衰竭的舊大樓，可以在轟然一聲之後，重新矗立一座魔術大廈（不只摩天或摩登）；破落的社區活動中心，可以幾月之間變成美輪美奐，充滿多媒體教育、休閒網路兼爲社區服務的綜合大廈，但這並不表示社區文化一夜之間大步提升，這是因爲文化的改造非一蹴而幾，即便是藍圖有了，也不能以發包方式剋期實現，而必須如重大工程一般，有比較長遠的規畫。

然而在面對跨越世紀的前景與競爭壓力下，我們仍得期待有一種接近承包的文化改革模式，才可能在比較短的一個世代，看到改造成績，我們所指的改革當然是指具體的社區文化或者本土文化的永續經營。所謂承包的模式，是指當局或文化精英社群已具體提出「文化改造」的總路線，例如當前已逐漸成形的「社區文化」或「本土文化」，應該由國家文化行政體系的官僚，主動接手繪圖設計其改造後的文化圖景，讓民眾很容易了解改革的具體內容和步驟、逐漸形成吾人正邁向一個「文化理想國」的共識，這無異是從提倡者的手中，把改革的列車開進市井或窮鄉僻壤的各個角落，讓全民都有試車機會。然而這批理想的文化行政官僚在那裡？現有的文教、社教機構的職員嗎？恐怕文化素養太弱了，而且隸屬不同行政體系，恐難有效貫徹改革理念。那麼，我們寄望的仍是一個高於「文建會」的「文化部」，除了中央級的各處、科、組、室編制內的行政官僚之外，還需要直屬的各地方行政區內的文化專職機構或委員會，要是沒有健全的各級行政體系，我們實無法相信一個高於「文建會」的「文化部」，網羅專家齊聚一堂，就能把文化改造的工程發包出去。因此，筆者認為建立有效的國家文化行政體系，實屬業務之急，刻不容緩。

國家文化行政的體系化與專業化

許多人把跨世紀的文化建設的主題放在新舊東西文化的交流，或本土與外來文化的對抗與融合上，然而我們更期待對現有的文化體質進行改造，改造不能只是觀念的，也不能停留在個別的示範，而必須是全幅的動員，我們的具體構想有兩步：首先確定國家文化行政體系的層級關係，例如最小層級是「社區文化改造委員會」，類似的文化社區可以是「○○大學校園文化改造委員會」或「中華民國職棒聯盟球技文化促進委員會」，把它們按照不同層級納入一個獨立的行政系統，由上級單位定期舉行督導會報，落實改革的項目。其次是落實「文化行政」的專業化，具體辦法由考試院舉辦嚴格的「國家文化行政人員考試」，或成立專職訓練機構，訓練各級「文改會」的成員，必要時也可以在大學設立「文化行政學系」，落實文化行政推廣，培養文化改造的尖兵，現有社教及文教單位的職工或各級學校通識科目教師，均可通過檢覈而轉任。筆者以爲這是具體落實文化改造的第一道工作程序。

各類文化行政專才，負責鉤勒藍圖及施工，並推廣文化教育；各級文化行政部門，對上級負責，定期評估工作績效，檢討文化改革得失並宣導市民配合各區的文化施政。這樣就具有了接近承包的文化改造管線。

加強文化教育工作

加強文化教育成爲文化行政的首要工作，質言之，如何開發社會文化資源，落實社區文化的總體營造；如何通過本土文化的深耕，建立「文化新中原」的實驗苗圃，其中不僅涉及國家整體文化改造的進程，也蘊含全球四分之一人口的華夏精神的重塑；如何架設兩岸文化互動的共用天線，以營造共同的遠景，並加強兩岸文化之交流，以建立互信共榮的基礎，同時要與整個地球村的對等文化分庭抗禮並消融對立。這些工作，在在顯示這波跨世紀文化建設的內涵，實與跨世紀的教育改革有著同質的目標。

文化作爲多元化、多層次的「人類生活的總表現」，首先，必須將它化約爲不同範疇的文化社群，以確立改革的對象；其次必須針對特定的「社群文化」進行全面評估，再加以去蕪存菁，添加新的質素，激起該文化的質變，再通過推廣教育，以求量變，都是需要這群文化行政工程師的潛心工作。這群工程師不是憑空設計另一個羅浮宮前面的玻璃纖維金字塔，而是深入文化社群內部，對基層、中層、上層做觀察分析、掌握該社群文化的深層結構及互動模式，總結該文化的形成、演變的內外因素及現階段的發展策略及其去向，這些因素中有屬於群體素質的，也有屬於個別的領導風格，它們在過去二、三十年影響比重的變遷，都要有精確描述，從而針對影響發展的不利因素做綜合診斷，並開方治療。這是文化行政學的一個側面。

大學校園文化的改革

姑以校園文化爲例，教授治校與校園民主幾爲近年國內大學校園轉型的總綱領，由於種種因素，正如同國內的民主政治的變奏一樣，各校都已出現若干紛亂現象，多少也影響教學的品質，比如有些教師熱中推行校務改革而無暇教學，加上系務完全委諸各種分組會議，形成會議繁多，干擾研究教學，又如決議過程粗糙，辦法繁多，令人眼花撩亂。選舉文化一旦形成唯一的行政模式，相對弊端也紛至沓來，以系所主任三年一換的教師直選爲例，雖有學校選薦母法與各系選舉辦法爲規範，然而選舉結果常令智者啞然失笑，因爲彷彿又經歷一場換湯不換藥的庸俗選舉文化的洗禮，不禁令人懷疑這種選舉文化是否適用於最高的學術殿堂?當學術認知與道德指標不再是人事考量的唯一標準，也不禁令人質疑當前的教授治校的校園文化，究竟與泛政治化的社會文化有無區隔?造成這些價值混淆的原因，乃是學術行政主管仍然具有威權時代留下的那種權力與名位的象徵，學界仍然過度倚重這些頭銜，使某些熱中名利的學者，仍有趨之若鶩之心態。再者教師對提升該系學術地位的熱誠也往往不及個人升遷、任課鐘點及分享特殊勞務等來得高；這些現象也瀰漫在校務會議代表之間的本位主義，例如對校訂共同科目之間的爭執，絕少有共同理念，由此看來，校園民主所釋放出來的權力意識，正在形塑另一種寡頭民主，對默默從事教學研究的大多數教授，形成一種更疏離的校園文化，我們認為在「國家文化行政系」中應該有中長程的「大學校園文化改革委員會」針對這種日益通俗的校園文化，進行釜底抽薪的根本改革，而各校的「校園文委會」該直屬於「全國大學校園文化改革委員會」（隸屬中央部會），由校長負責改革成敗，定期交出改革白皮書。

原載一九九六年八月《文訊》一三〇期

【姚榮松】文章發表時任台灣師範大學國文系教授，現任台灣師範大學台灣文化及語言文學研究所教授。

空間與資源

文藝界對政府最大的期待

◎古蒙仁

我在國家文化藝術基金會已工作了半年，根據我的了解，「政府可以爲文化藝術界做些什麼」，有幾點迫切的問題：

第一，充實國內藝文表演空間的硬體設備：由於國內藝術欣賞的風氣尚未形成，國內文藝界的處境其實是很難堪的。除了少數大型表演團體擁有自己的觀眾群外，其餘都經營得很辛苦。民間的補助移轉到本基金會辦理後，雖有許多藝文團體申請獎助，申請基準卻必須先取得場地使用權，這就關係到硬體設備不足的問題。以台北來說，除兩廳院及國父紀念館外就沒有標準的表演空間了，然而這兩個地方的檔期，即便在一年以前申請都很難申請到場地使用權。各縣市的問題也很多，雖有各縣市文化中心，然而展演場所卻非常不理想，這種從都會到地方展演場所普遍不足的情況，對文藝工作者及表演團體來說是很大的局限。目前也以此問題最爲嚴重，基金會曾透過媒體把訊息傳播出去，嘗試向政府各級單位建議，並呼籲公家的學校及民眾活動中心等公共空間，可以在加強設施後供展覽或表演之用，不過卻一直未得到回應。

一個藝文團體如果不表演、不展出，就等於沒有活動，那麼再好的劇本、演員都只是空談，這是很現實的問題。大型國際化的表演場地在台灣原本就不足，兩廳院已經不敷使用，將來的需求量會更大。因爲場地及設施的不足，也造成許多團體在露天演出。今年五、六月，我到香港去看音樂劇「孤星淚」，看到香港市政局的文化中心設備非常完善，而香港這樣的場所還不只一兩處，可見他們對這方面的重視。

要增加表演空間，舉例來說，各地方政府及鄉鎮公所可以開放公共空間，像是學校禮堂、民眾活動中心，至少有舞台的基本雛型，可以增添設備提供文藝界使用。地方鄉鎮接觸到文藝表演的機會不多，一旦有表演，如廟會活動，當地人往往扶老攜幼同去觀賞，參與的程度反而高，只是因爲受場地的限制，影響到表演的品質。許多兒童劇團的負責人便常反應，在地方非常受歡迎，可以不計成本的演出，卻希望能改善場地，有更出色的演出。

所以政府在這方面需要投注較大的心力。目前雖有一些工商界也設置了表演空間，然而要以私人力量做合乎國際標準的表演場所殊屬不易，最實際的仍然需要靠政府前瞻性的規劃，正視表演場所不足的窘境。

第二、整合各部會的文藝資源：與本基金會相較，各部會的資源其實十分龐大，今年立法院審查各部會編列預算時，我們做過統計，像是內政部光是保護古蹟就有兩億多元的經費，外交部更有七億多的相關經費，其他如僑委會、陸委會、文建會、新聞局及教育部，任一筆經費都比本會來得多，加起來起碼有二十億的經費。但不像本會對外補助的透明化，各部會間有關文化資源的運用及補助何種團體等，外界都完全不知情，若能好好整合，讓各部會之間的資訊能夠交流，資源方不致重複或浪費，否則再多的經費也無法發揮功能。這個問題應該由政府去面對，也有許多立法委員關心，希望能在下次會期中提出討論。像這樣不需要增加預算，又能充分運用現有資源的方式，才能發揮最大的效能。

第三、整合民間資源：其實民間的資源也很多，據說目前在台灣已經有兩百多家基金會，經費加總有上百億。但如何運用或者是否放在文藝上不得而知。但確實有許多基金會想做點事，卻缺乏管道與藝文界做良好的結合，因此而無法發揮功能。基金會都在內政部或各縣市的教育局登記立案，政府不妨與之結合，以運用民間的力量。目前本基金會亦正規劃「藝文卡」，希望藉此做文化的補助工作。

第四、加強文藝團體的經營理念：目前國內的文藝團體最擔憂的，除了硬體設備的不足外，就是經費的補助問題。然而更重要的是：政府應爲文藝團體舉辦類似「如何經營藝術團體」的短期研修課程，邀請國外的專家來指導，參考人家的經驗。或者由政府扮演橋樑的角色，安排短期進修，甚至組織國內藝文經理人才到國外進修。過去沒有藝術經營的觀念，國內的藝文團體一直停留在單打獨鬥的階段，無法用企業化、現代化的方法來經營，其實應參考國外的成功經驗，慢慢的建立制度化的運作。本會執行長陳國慈女士不久前到美國和幾個大學談過這個問題，得知哥倫比亞大學有極佳的師資及課程，但出國研習的經費當然不是私人付得起的，若政府能加以補助，方足以學習到最新的經營理念，以趕上國際的潮流。且政府不必花太多錢，便可得到相當大的效果。

文建會過去幾年在這方面做得很好，比如說文藝種子計畫，便跟許多大學的藝術科系結合。本基金會現也針對這觀念而開課，提供創作者一些著作權及法律的概念。政府本身也對創作者有許多節稅的優惠辦法，可惜的是藝文界知道的人並不多。

現在基金會本身也面臨到一些問題：因爲所有的民間補助都湧到此處，光是第一期收的案子就是文建會時期的兩倍，文建會一年的經費是一億三千多萬，但基金會一年有四次的補助，經費卻僅有一億，所以文藝界能得到的補助眞的是僧多糜少，幫助有限。所以許多藝文團體感到恐慌，尤其是走精緻高水準路線的團體所遭受的打擊更大，因爲他們本來就沒什麼票房，因爲製作成本很高，票房若無把握，虧損會很大。據我所知，有些團體已經縮編了，有些則減少推出活動。基金會的基金若不能很快累積，對民間的補助又相對減少，對藝文團體的打擊會很大。

然而政府原先設定基金會的基金上限是一百億，現在卻又縮水爲六十億。政府在預算編列時，應有足夠經費讓基金會快速成長，如此基金會才能分擔更多責任。**（湯芝萱記錄整理）**

原載一九九六年九月《文訊》一三一期

【古蒙仁】文章發表時任國家文化藝術基金會副執行長，現任文建會主委辦公室主任。

從民間企業支助文化建設之困難談起

◎潘元石

雖然政府耗費相當的人力物力，於各縣市建立文化中心等硬體設施，但是一國的文化藝術發展，卻不能單靠政府的力量。政府的文化建設措施，必須與民間力量配合，二者相輔相成，才能成就一文化大國。

民間的自發力量，其中之民間企業、財團，具備相當之潛力，作爲文化建設之發展重鎮。民間企業在集中社會經濟資源成本之餘，對社會進行之回饋，形成一股不可忽視的龐大力量。至於如何回饋，可以不同之形式表現，比如回饋於醫療、體育、文化藝術等活動。

筆者以奇美博物館籌畫人之身分，提出民間企業在推動文化藝術時，所遇到之重重關卡，期望政府不僅能改善國內企業支助文化事業之相關行政法律環境，更進一步能提供更廣大之彈性空間，讓私人企業自行發揮。

共同負擔，減低繁瑣作業

舉例而言，民間企業若有以規劃建構一博物館以作爲推廣文化建設之方式，面對這股自發性的民間力量，政府即可提供相關之優惠措施，減輕企業獨力負擔之成本，成人之美。

比如以博物館之設置地點考量而言，若是建造於都市中心之繁榮地帶，可提高博物館使用之效益，發揮強大之社教功能。然而越接近繁榮地帶，便需要投資更高之成本，政府若能以低利率租借企業土地，或與民間簽訂契約等方式，減輕企業負擔土地成本之壓力，由民間獨力規劃硬體、軟體等相關設施，營造出一優良之文化藝術環境，不論對於政府之藝文發展計畫，抑或國家之藝文風氣提升，均爲雙贏局面，相信對台灣的社教發展可注入一劑強心針。

對於民間企業投入文化事業的舉動，政府理應提供相關協助，樂觀其成；退一步而言，至少期望政府減低一些行政上的繁瑣手續與不合理之要求。

舉例來說，奇美企業贊助之奇美博物館進口古代兵器，在國外受到完善保養之古代兵器，進口至國內，必須經由政府行政作業之層層管制，由海關至內政部警政署（沿用槍械管制條例），經過一連串之行政管制，到了博物館，已經是三、四個月之後的事。這期間因爲缺乏保養，使得博物館必須投注更多的人力物力，於保養維修生鏽的古代兵器之上，可謂事倍功半。

此外，政府不僅並未提供相關之減稅優惠，反而對博物館所採購之國外藝術品，訂出不合理的稅收要求。凡超過百年古物雖可免進口稅，但仍須繳納百分之五的營業稅，由於奇美大量收購典藏，因而必須付出相當成本作爲納稅用途。

試想民間企業建立博物館，已屬良心事業，既非營利單位，亦未進行營利行爲，收營業稅不合理，徒然增加企業成本負擔，顯見政府缺乏輔助企業回饋社會之善意。

提供自由環境，引導企業投入

民間企業或財團具備雄厚之資金、健全的組織與靈活的管理制度，這些文化藝術發展之充分條件，政府若能提供無干預之環境，甚至能夠主動協助，相信可以吸引更多的民間力量，投注於台灣亟待急起直追的文化藝術環境建造工程。

近年來國家預算吃緊，而台灣卻有極多的藝術團體需要國家補助；台灣的企業、財團擁有豐厚之資金，政府若能妥善引導、利用這筆資源，作爲文化藝術之發展經費，則台灣社會文化發展欣欣向榮之景指日可待。

妥善運用企業回饋資源，不論是資助藝文團體，或建設代表性之藝文環境，其所營造之藝文風氣，即爲生動之文化教育題材，無形中涵養出具備文化素養之現代台灣人。

更進一步說來，政府若能信賴民間企業之經營規劃能力，將一些困難的建議計畫，放手給民間籌劃，相信一定能達到更專業及具效率之水準。

比如屏東車城之海洋博物館，即可交由私人策劃統籌，發揮民間的專業效率，以企業化經營手法，避免公家單位缺乏效率與遠見之策劃過程，發揮實際經費之效益，才不致造成資源的浪費。

原載一九九六年九月《文訊》一三一期

【潘元石】文章發表時任奇美文化基金會執行長，現任奇美博物館顧問。

讓廣告參與文化建設

◎沈達吉

廣告文化應扎根在固有文化上

廣告是一種哲學、一種藝術，就我看來，廣告更是倫理、本土文化的延伸。每個國家有不同的生活方式、文化素養、社會問題，今天就算是把國外的廣告文化全盤搬進台灣，在創意手法之中，如果不能融入台灣既有的文化、倫理，這樣的廣告文化有可能在台灣生根嗎？答案是不可能的，因為國外的價值觀和生活倫理，和台灣的狀況完全是兩回事。唯有將中國幾千年的固有文化，反映在廣告，才能眞正做些文化扎根的工作。只要觀察近七、八年來，許多外商公司進駐台灣，在意識形態上的創意表現，不論如何改變，都說不了中國既有文化的範疇，就可以得到印證。

再看看大陸，六、七年前，我帶團到大陸參加「海峽兩岸廣告研討會」，發現固有文化在台灣廣告中比大陸廣告扎根扎得深。這當然有歷史因素，台灣自光復後，國民政府撤退來台，中國固有的思想、古典詩詞及家庭思想等，在教育中一直都持續著。而大陸卻因為經歷文化大革命的黑暗期，在文化的銜接上便較台灣困難得多。儘管自四人幫被推翻後，一直致力於恢復中國固有文化教育及家庭倫理，但在共產統治的社會體制下，固有文化仍然和社會有很大的隔閡。

行政單位與廣告文化

清華廣告公司將近三十年，是一直堅持純本土化經營的廣告公司，雖然長期和外商公司有技術及業務上的合作關係，但卻不接受外商投資。因爲外商的投資策略，總希望能占有一家公司百分之五十以上的股分，才能在經營上做盤整，這當然有其考量。所以我們爲保有本土化的理念，不得不拒絕外資進入。因此，我們也希望客戶是具有本土性文化理念的企業，好比統一企業，雖具備悠長的歷史，卻能用先進的技術研究，發展出具有固有文化特色的產品。舉例而言，清華與統一合作的「滿漢大餐」速食麵，便是含融了中國文化的產品。這種速食麵爲純中國口味，爲打破傳統速食麵的中低價位路線，改採高級又精緻化，並以此命名來象徵中國宮廷的飲食，表示是速食麵中的超級品，也是速食麵革命性的發展。

在廣告文化的推展上，值得一提的是，行政單位的廣告文化的落差，往往會對廣告文化產生無形的斲傷。譬如我們曾爲一家百貨公司設計廣告，廣告中有女性模特兒背部全裸的畫面。這種以曲線美來呈現女性商品價值感的特色，卻遭新聞駁回。此外，前兩年和成牌的馬桶廣告，以水蜜桃象徵臀部，也因爲遭到果農抗議而禁播。然而這支廣告卻反應在產品銷售成功的喝彩聲中獲得肯定。因爲從來沒有人將人體的臀部表現得如此具有美感的。似此類禁播事件，如果不能改善，試問年輕的創意人員要如何來表現？

另外，我想以廣告人的身分，來談一談「如何建立理想的國家文化行政體系」。國家文化行政體系，牽涉到各部會對文化職掌的劃分問題，像文建會、文復會、文化總會等單位將來要如何統合成文化部，必須是按中央、省市、院轄市、各縣市以迄各鄉鎮一系列的流程去整合，才能發揮最大的功能。目前地方級的縣市文化中心的設備很好，一般都具備閱覽室、演講廳、陳列室或展覽館、音樂廳，不過一個縣那麼大，卻只有一個文化中心，顯得不夠用。此外，它和鄉鎮間的關係也很重要，像我居住的台南縣，其文化中心便有許多積極作爲，不僅在新營地區有影響，還延伸到各鄉鎮，舉辦了許多大型的國際活動。

我們需要反省的是：台灣物質的富足是讓全世界都羨慕的，但文化生活在那裡？

我們常說年輕的一群最幸福，但他們的物質生活雖然很充裕，文化生活卻很空虛，很多小孩放學回家後便不知道要做什麼。打開電視，有多少文化性節目？還有，對文化的認同又何在？像我念成大的孩子，回家後整天聽著震天價響的音樂，我問他爲何不聽古典音樂，他回答我：「爸，你不是說要多接觸中國文化嗎？古典音樂再好，畢竟是外國人作的，我聽的歌即使再怎麼差，總是台灣人自己創作的。」我聽了都答不上話。電視一開，他看起刀光劍影的布袋戲來，我請他關掉，他又說：「布袋戲是從泉州傳到台灣的，也是固有文化呀！」可是我不明白，原先那麼優美那麼文雅的布袋戲，曾幾何時居然變成金光戲了？還有中國最具有代表性的平劇，在三台也幾乎找不著了。這是不是政府文化單位該負責的？

讓文化與廣告結合

文化官員應該找具有文化素養的人長期來做，才能眞正達到文化扎根。目前在位的文化官員，則不要只會說要做什麼，要該常自問自己能做什麼。要復興文化，便需保有中國固有的好文化，正如同很多創作出偉大作品的人，都具有深厚的文學造詣，廣告也一樣，要具備固有文化的素養，加上海闊天空的想像，才可以做出最好的廣告作品。

等到將來成立完整的文化行政機構，廣告創意者能做的，便是全力支持。在行銷及素材的選擇上，可以和各文化單位配合，比如要找原住民資料，便找花蓮縣立文化中心，要找平埔族的資料便到台南縣立文化中心等。而各級文化單位在辦活動時，也可以找廣告公司提供創意。讓文化與廣告做結合，方是身爲廣告人樂見其成的。

原載一九九六年十月《文訊》一三二期

【沈達吉】文章發表時任清華廣告公司董事長，現仍擔任該公司董事長。

文學奧林匹克

◎鄭春鴻

報紙文學副刊是不是已經走到盡頭了？這個問題一直是台灣的文學創作者擔憂的事。做爲一個報紙文學副刊的編輯人，面對此一問題卻已經不再只是擔憂，一股強烈的壓力早已降臨了。

報紙媒體的商品化

分析這股壓力的來源可分兩方面，一方面是報紙媒體的商品化；另一方面是讀者逐漸在放棄傳統的文學副刊。由於全球報業的不景氣，報紙爲了生存，不論在新聞取材的興味上或新聞寫作的表達上都極盡所能地在向讀者「討喜」。向來在報紙篇幅上被視爲「軟性」版面的副刊，在一片討喜的聲浪中更是首當其衝地被強烈地示意必須施展魅力來吸引讀者。比較具體的作法是開闢許多帶狀專刊，這些專刊吸收了屬於各自類型的讀者群游移到不同的地盤，專刊的性質多半從實用出發，只有少數像書評的版面仍保留了人文色彩。而可以預期的，傳統文藝副刊中比較討喜或類型化明顯的部分遲早也要獨立出來，另創「武俠小說版」、「推理小說版」之類的新版面。這樣的趨勢下，還願意保留下以刊出文學創作、文藝思潮爲編輯基調的傳統副刊的，大約只剩下較具規模的主流報紙以及別有使命感的非主流報紙。在商業掛帥的報業環境裡，把這種「票房毒藥」保留下來，多少有「櫥窗」的意思，就當它是報館人文關懷的指標。

報紙商品化除了因應不景氣的因素外，另外也在因應讀者閱讀習慣的改變，而這樣的改變則多受到電子媒體敘事節奏與風格的影響。現在的報紙讀者閱讀的耐性正在持續的降低，長篇大論幾乎無人問津；閱讀的動機也在逐漸地功利化，對於那些事不關己的議題多半迅速略過。過去傳媒還不甚發達的年代，閱讀報紙曾經還是打發時間的方式之一，如今每家有線電視都有三、四個頻道，每三分鐘就製造一個高潮，讀報做爲一種庶民消遣的可能性也正在逐漸地被放棄。

文學副刊已經走到了盡頭？

面對這樣的趨勢，一個文學副刊的編輯人，在吸引讀者的企圖上，雖不能說完全無能爲力，恐怕個個都正在作困獸之鬥。爲了迎合讀者愛看短文的要求，編輯不得不對作家進行專制而淺薄的指引，包括題材與字數的限制。製作「綜藝節目式」的熱門話題對談，隨著新聞版面的節奏跳舞。其他比如重視版面的美工包裝，加強插畫的裝飾性，儘管使出渾身解數，想要挽住讀者的目光，長久看來恐怕也是費力而少功。

華人作家至今還是習慣將創作先在報紙副刊發表再集結成書，此舉雖有先周告讀者同好，打知名度的意義；實因版稅太低，先領副刊稿費也不無所補。易言之，長年以來，台灣的各報副刊除了協助作家發表作品之外，對於作家窘困的生活，在供養上也算是重要的補給站。如今，文學副刊倘若已經走到了盡頭，對於台灣文風的提倡、文脈的延續，恐怕將造成無法彌補的危機。

把文學當做「行銷工具」

事至於此，講什麼文章千古事，恐怕肉食者誰也不見得愛聽，至少我未曾聽聞把推動文學創作當做正經事的官員。本文嘗試把文學當做「行銷工具」，看看是不是能打動人心。

主編副刊八年的經驗，我總覺得提倡文學創作是最省錢、成效最好的文化建設工作。我常把養成作家和訓練奧運選手相比，國家花大筆的鈔票設左營訓練中心、聘請教練來訓練奧運選手，選手摘回獎牌並有千萬獎金爲酬；如果國家也以同樣的待遇來對待作家，每年出現的文學尖兵所贏得的國際榮譽，絕對不下於奧運選手。

以西子灣副刊爲例，年度最佳作家選拔辦了四屆，大約只花二百萬元就產生了四十餘位得獎人，這筆錢還不夠選舉時辦一次歌舞晚會。台灣近廿年來的優秀作家大都受過各報紙副刊文學獎的洗禮，各報提供的獎金也都十分有限，但卻能奇蹟式地灌溉台灣文學的幼苗，開花結果。培養作家比起培訓奧運選手，既省錢又省事，作家不需要各種昂貴的場地與設備，一方書桌即是天地；作家通常自費自備「教練」，毋須國家代聘；眞正的作家也不逐月接受津貼，寧願保持心靈自由；他們自謀生路膳宿自理，台灣養不起專業作家，作家都潛伏在各行各業。

政府能為文學做什麼?

既然作家都是「野生」的，那麼政府要做的是什麼呢?我想大約有如下數端：

(1)成立一個獎勵文學創作爲目標的高額基金，由基金會聘請國內外一流的文學家輪任選拔委員，每年定期舉辦兩次以上的全國文學獎，不分名次，獎額要多，獎金要足以供養作家半年以上的生活開銷。

(2)成立一個專門出版及譯介優秀文學作品的機構，由一流的文學家輪任審查委員，專門察訪國內最好的作品代爲出版，且仿昔日美國《今日世界》出版社聘請國內外一流的翻譯者精譯成各國文字，以平價供應世界各個文學好愛者覽賞。出版之作品由基金會購買一定冊數，分送給公私立學校及圖書館，所付版稅必須以能領養作家半年正常生活爲基數。

(3)成立一個超然的文學開發委員會，積極挖掘出那些蘊藏在作家內心裡，尚未寫出的一流寫作計畫，搶救那稍縱即逝的文學巨擘。

這樣的構想，只要連辦十年，台灣勢必成爲文學大國，而第二個十年，全國大學的文學系所立刻變成熱門科系，大家都以成爲作家爲榮。此時，每一本文學學書都將成爲外國人認識台灣的一個漂亮的櫥窗；「貪婪之島」的惡名立即吊銷；政府的國際宣傳費省去了大半，任何一種文化建設有比超過這一招要省錢省事、一勞永逸又能立大功的嗎?

原載一九九六年十月《文訊》一三二期

【鄭春鴻】文章發表時任《台灣新聞報》西子灣副刊主編，現任和信治癌中心醫院文教暨公共事務部主任。

附錄一

移風易俗不是一天兩天的事

李瑞騰專訪文建會新任主委鄭淑敏

◎封德屏

前言

這一次訪談，主要是從鄭主委兩本文集命題：《自在集》和《菊花插滿頭》，由於時間關係，第二部分談得比較少，但大體都已觸及。從這裡我們可以發現，鄭主委對文化早有關懷，並曾長期用心思索。訪談的時間是八十三年十二月二十七日下午，地點在文建會。記錄未經鄭主委過目，文則由訪談者及記錄者負責。下面是原來的訪談大綱。

• 第一部分

㈠在《自在集》一書中，您觸及到的藝術類型有木偶、音樂、繪畫、戲劇、舞蹈、電影等，面很寬廣，請談一談您個人的藝術因緣？

(二)對於台灣木偶，您期待有人能創造出「現代一點，寫實一點」的人物來（「自」頁五）；對於中國古裝片，您希望它們能有「一條新路子」（「自」頁二九）；對於電視節目之製作，您說「最好的題材都發生在今天，發生在我們的四周」（「自」頁四七），總的說是「創新和切身」，這是您對藝術的最高標準嗎？

(三)您曾提過「文化成品加工」的概念，主張「賣文化」（「自」頁二二六），可有具體的作法？

(四)您曾期待一個「表演大堂」（「自」頁六），現在的國家兩廳院，您滿意嗎？此外，您曾希望表演場所能夠「集中」（「自」頁六四），可能嗎？

(五)您曾提到「重整公共道德」問題（「自」頁二〇八），對文建會來說，其可著力處在那裡？

• 第二部分

(一)大學與城市文化發展問題（「菊」頁二二九）

(二)民間與政府的合作問題（「菊」頁二二二）

(三)文化活動往鄉間推展的問題（「菊」頁二二〇）

(四)文學與哲學之於人的問題（「菊」頁三九）

答案早在自己心中

李：這是我們設計的訪談題目，請主委過目。

鄭：看了這些題目，我眞的很感動。我是一個不保存過去照片、信件等資料的人，所以看到你們花了這麼多工夫把我過去的文章整理出來，不知怎麼的，有些感慨。沒想到我二、三十歲的關懷，今天必須去實踐。在開始接到這個職務時，我沒有多少準備，面對記者、面對立法委員所提出的問題，剛開始時有點惶恐，但是看到你們幫我整理出來的這些問題時，才恍然知道，所有的答案，早在自己的心中，只是自己不是很清楚。

李：我們清理出來的問題，涵蓋了文建會未來發展的內容，也契合當今時代脈動。當我花了許多時間閱讀您過去的作品時，發現好像是在追蹤一個很有趣的故事，故事的背後，有很多的心理變化及智慧。現在就開始我們的訪談。

生活與藝術

李：在《自在集》一書中，您觸及到的藝術類型有木偶、音樂、繪畫、戲劇、舞蹈、電影等，面很寬廣，請談一談您個人的藝術因緣。

鄭：我是台灣人，生長在台北迪化街，從小生活與城隍廟的廟會脫離不了關係。可以說是看歌仔戲、文明戲長大的。我的母親十分喜愛音樂與戲劇，我受她的影響很大。那時的電影，沒有字幕，一邊有人在旁解說。我外婆很愛看戲，因裏小腳，行動很慢。母親料理家事，因此，陪外婆看電影，幫她解說的工作就交給我。在繪畫方面，我想和父親的職業也有一點關係。他是一個土木建築師，時常需要繪設計圖，家裡有許多建築的書，從小我對構圖就很有概念。在中學時，我的代數幾何都學得很好，這可能和常看父親畫設計圖有關。這些都是自小的基礎，去歐洲以後，當然更加深了我對繪畫、舞蹈方面的喜愛。

李：您現在談的大部分是童年的經驗，但看您的文章，您後來在音樂方面常提到文化大學唐鎮教授，繪畫方面，曾參與許多朋友的畫展，您在那一段時間是否參與很多的文化活動？

鄭：一九七二年我從歐洲回來，感覺台灣像是一個文化沙漠，在《自在集》中所談的，都是那個階段在藝文界默默耕耘的一些人。在歐洲住了三年，音樂、戲劇、美術等文化藝術幾乎充滿在我的日常生活中，回來後什麼都沒有了。那種失落及震撼，使我第一年幾乎待不住了。後來陸陸續續碰到一些好朋友，有機會去看一些國內的表演，才眞正和社會接觸。去歐洲之前，我幾乎沒有踏入社會，等到踏入社會，才發覺和這個地方、這塊土地的關係。我回來是應華視之邀，先擔任製作人的工作。我開了一個節目叫「生活與藝術」，朱銘、洪通、楚戈、許博允等，都陸續在節目中介紹過。

李：這是您當時在藝術社群中的人脈關係？

鄭：這在台灣文化界屬於金字塔上最頂端的那一層。後來，我一方面參與，也開始思考。發覺有的東西和群眾有些脫節，所以我才會說出「現代一點，寫實一點」的話來，我想那時是有感而發的。當時的政治環境比較保守，有很多現實的題材是禁忌，大家都不敢碰觸，譬如我曾在電影節目中想推行一些性教育方面的基本知識，結果反對的聲浪很大。可見上層文化的關懷與芸芸眾生嚴重脫節。在這個情況下，藝術的表現只好向古代傳統或國外社會去取材，例如有些電影題材十分老舊，不敢談現實、現代的東西。因此我覺得社會文化的發展，其先決的條件，就是社會民主化，否則文化就無法蓬勃發展，只會走向死胡同，而成爲一個宣傳性的文化，充滿限制，那就不是一個自動自發、多元化的文化了。

復古與創新

李：這是七十年代台灣初期的文化現象，我們應該可以理解。當時整個大的社會背景也是如此。第二個問題想請教您，基於很多因素您和許多藝術有所接觸，有所反省，這個接觸、反省的背後，在您的文章都曾提到，譬如要和現實生活結合在一塊。在今天來看，七十年代關切現實是知識分子一個新的呼聲，基本上您的說法可以呼應當時的時代潮流。但在這裡有一個問題我想提出來，怎麼樣「現代」？如何「現實」？什麼是「新的路子」？我們的四周到底有什麼可以轉化爲藝術的素材？創新需要講究方法，所謂「一條新的路子」，到底什麼樣的路子才是新？在您的文章中，有這樣理想及呼喚，多少年以後，您當然更深入了解台灣的藝術環境，是不是有具體的方法？

鄭：我並不是否認舊有的體制，所謂創新的意思，是所有文化的產品，是人類從靈魂深處產生出來最美最高的。我認爲文化產品和社會脈動必須結合在一起。但是很多人性的東西，是亙古不變的。而所謂創新，我用西施的故事來說明：在傳統故事中吳王夫差滅亡以後，西施又回到越國及她所愛的范蠡身旁。這個故事主要是告訴我們一個忠於國家的女人；但站在人性觀點來看，當初爲了國家將自己獻身給敵國，可是敵國的這個男人對自己這麼好，相處時間又長，除非是沒有人性、沒有感情的人，否則怎麼可能很高興的回到昔日戀人身旁？因此這個故事應該可以新編。

所謂創新是指用現在我們對人性的喜怒哀樂去重新加以解釋，來賦予傳統故事新的生命。用不同的角度去詮釋都是可取的，我們對人性的判斷，無論價值或觀念，沒有絕對的正確或錯誤，但是儘管解釋的不同，都可以很感人。與人性有關的題材是亙古不變的，可以結合社會的脈動，時代的思潮，再賦予新的生命與新的觀點。

李：這是「藝術創造」的觀點。另外我要提出一個問題，您去看一場音樂會以後曾說過「這樣的東西不如不要罷了，與其如此不如復古。」這和您「創新」的觀點是否有些不同？

鄭：那是一場所謂的「新音樂」會，當時的新音樂否定古典音樂的節奏，把平常如抽水馬桶等各種聲響重現，他們有他們的道理，我不是學音樂的，或者說我當時沒有找到一個邏輯，那些在當時是新的嘗試，他們認爲音樂不一定要有一個固定的形式或結構，這種概念我認同，但實際的成品我不能接受，它缺少我對音樂認知的旋律。不過，後來我又有機會聽到相關的新音樂，比剛出來時進步很多，雖然打破了既有的結構，在沒有結構中又有秩序。

意義的追尋與失落

李：我在這提出這個問題，是因爲當初您有個人的喜好，有對音樂的認知，但站在整體文化發展的角度來看，我們當然鼓勵年輕人不斷去嘗試、創新，有一天他可能會成功，也可能會失敗，而人類的進展，也就在嘗試、失敗中，重新站立起來的。

鄭：那是因爲是我第一次接觸新音樂，後來就沒有再寫過諸如此類的東西，那時只是當下直接的反應。以後我又在美國聽到新音樂，就進步很多，已不是當初我所聽見的。任何新開創的風氣總是讓人比較難以接受。譬如現代畫中抽象的作品，一般人很難用肉眼看出來。藝術家的思路，是要定義那些一般人所定義不出來的東西。藝術家是上天特別篩選的，上天把人類最好的，透過他們的手，他們的眼，他們的腦呈現出來。他們是被選擇出來的一群特殊的人，一般人沒有這種天分。

李：當您面對廣大的群眾時，可能會出現一些觀念的衝突，在您的文章中就曾有過「傾聽老百姓的聲音」的呼喚。文學藝術如果無法傳達給大眾，而只是停留在少數的知識階層，它的意義和價値是否要重估？是否應該有一些別的東西？

鄭：後來我發現這些停留在上層的知識、藝術，在尋求意義的同時也失去意義。所謂存在主義，後來都走到一個空虛的境地，虛無的不得了。我們理當去尋找意義，而意義往往在最基層的地方找到。眞正紮實的東西反而存在於民間一些簡單的信仰中。有些藝術家的靈感來源是出自純眞的童話。有時候我們在追尋知識的過程中，突然發現，不必到很遠的地方尋找，而就在你的眼前，在你的身旁，卻被你忽視了，因爲你覺得你比他們高。很多從事藝術工作的人都應該有這些反省，尤其推動文化藝術的人更不能忽視這些廣大的一群，而最精美的東西，也都存在最簡單最基層的人物身上。

把文化成品加工

李：您曾提過「文化成品加工」，以前是一個構想，現在可能要落實在一個具體的實踐上，以往我們做過「中書外譯」的工作，也獎助表演團體到國外去，以您現在的身分，有什麼新的想法沒有？

鄭：這些「文化成品加工」，把文化當做可以賣的東西，不要把文化當做高高在上，和我們沒有關係的東西。另外我們總是把文化當做宣傳，但反觀我們吸引國外文學藝術時，那一樣不要付錢，包括劇團、芭蕾舞團、西畫，你都要花錢買票去參觀，包括外來的版權等，你都要花錢去買。既然知道很多東西是有價的，把文化包裝出去，爲什麼不能去賣？華視的「包青天」，可以用很高價錢賣到國外去。不要把文化當做宣傳品，宣傳品是強迫把意識形態加在別人身上，強迫別人接受。我在新聞局的那一年，就是幫當時的宋局長做文化宣傳品的改版，以往的宣傳品比較刻板，雜誌也都是送的，別人就會不太珍惜。如果我們以創意加以包裝，他不但要花錢買，而且會常常買，這是我對文化的認知。但要把文化轉化成商品，必須去吸收、消化，把它變成別人所喜愛的東西，而不是強灌輸在別人的腦海裡，像「國家地理雜誌」，如果不是那樣的包裝與編輯，沒有照片，用很單調的文字表現，讀者一定不想看。所以一定要包裝，吸引別人願意花錢去買。但我要強調的是，包裝要適度，不能過度。但在包裝和宣傳之間，我反對用宣傳的字樣，文化不是用來做宣傳的。

傳統民藝與現代生活

李：我們都了解文化商品化的趨勢。但這其中還有個問題，有一些文化產品是無法由社會來提供成本的，你再怎麼包裝，他都無法成爲市場的強勢產品，這時怎麼辦？

鄭：文化永遠不會是市場的強勢產品，它應有特定的市場，就像雲門舞集，可以賣一些T恤及CD。在紐約的市立芭蕾舞團，賣一種很簡單的家庭用圍裙，上面的圖案就是很簡單的市立芭蕾舞團的字樣，這和普通商店買的圍裙，價錢也許相差不多，但意義不同，價值不同。很多文化可以產業化，在生活中常常使用。

李：民間比較通俗的文化，譬如民俗技藝怎麼辦？

鄭：我們可以將許多概念付之實行，譬如我們用的竹簍子，可以當做裝飾，也可以當菜藍，和我們的生活結合在一起，所以就必須要有一些示範性的推廣，使它們應用在我們的日常生活上。

李：這個會成爲未來文化建設方面施政的主要方針嗎？

鄭：我們今年全國文藝季的主題是「產業文化，文化產業」，我們的做法是把縣市文化中心當做小型的文建會。在各縣市將文化落實在我們的生活之中，舉例來說，我們家裡有幾個竹簍子，用來裝番薯、老薑或其他的東西，我在百貨公司看到的竹製品都是歐洲進口的，價錢十分昂貴，其實竹子是我們的特產，國外都用精緻的竹製器當垃圾補，而我們反而用粗糙的塑膠品。在維護環境和美化環境上，應設法把民俗工藝和生活結合在一起。

李：我們有時會懷疑，人們的生活高度物質化的今天，台灣的鄉村都都市化了，生活上所必須的東西，幾乎和都市同步發展，民俗技藝和鄉村產業的觀念提出來，進入一個大的行銷體系內，讓老百姓去選擇，等於要重新改造，可能不是這麼容易？

鄭：雖然不是那麼容易，可是已經有一些帶頭的示範在做。近來已有一些建築設計師在做家庭裝潢時，將傳統技藝的東西拿來當做擺飾，可以說風氣已經開了。

藝術表演的集中與分散

李：您在書上曾提出一個很有趣的期待：「什麼時候我們可以有一個比較好的表演大堂」，您是兩廳院的常客，不知道這兩廳院，算不算您理想中的表演大堂？

鄭：從兩廳院的花費來講是十分具有「價值」，但從功能來說，是有缺失的。例如音樂廳的音效、戲劇院的舞台，設計都不夠好。我曾看過柏林音樂院、香港文化中心。我寧願看到花錢少一點、簡單樸實些、功能較好的表演場所，不足很堂皇，用材很昂貴的。我們除了炫耀我們的「貴」外，還可以表現一下其他的吧！

李：您曾提過表演場所集中問題，以台灣目前的情況來說，集中可能嗎？

鄭：我所謂「集中」是要聚人氣，當人還沒辦法聚集，文化人口還沒有這麼多時，表演場所要集中。等到文化人口差不多的時候就要分散。

李：藝術表演的集中是否正是由於不夠普遍，無法深入民間，所以所謂分散和集中如何去調節？

鄭：因為不普遍，所以先必須集中，等到大家注意後再慢慢分散，分散之後特色就要出現，但不要重疊，否則我在台北看的，和高雄看的都一樣。

社區的開發與文化的發展

李：假如我們以國父紀念館為中心，去畫定一個大區域，包括信義計畫區、台北菸廠等，可以形成一個文化園區，未來文化藝術的發展，如果有一個藝術園區，不是壟斷式的，而是互相支援，也正如您所說的凝聚人氣，那將會成為國家文化非常重要的檢驗指標，如果有這樣的可能，您願意去推動嗎？

鄭：當然，這也是我們推動的目標。

李：您認為文化的推展，可不可能和像台北市的信義計畫區、關渡平原等新社區的開發結合呢？

鄭：當然，一定要的，不過現在要釐清的是，中央和地方、省市的職權。文建會本身做的是資源分配的工作，他不是實際操作的，譬如說地方政府自己有規劃、文建會站在什麼立場去支援？是支援知識還是人才？或者是設法使資訊相互交流？我們必須把所有文化資源的網路建立好。我們現在正在規劃南投的九九峰藝術村，這屬於現代藝術的人力集中。此外，城鄉差距太嚴重，台北藝術人口過盛，藝術團體也多，所有的價值也就相對的削減，只能夠支援一個藝術團體的城市，卻要支援十至十五個藝術團體，結果每個團體所得到的資源，就相對的減少，所以發展起來非常吃力。所以我們希望把資源分散，文化活動在各個地方都能生根。

李：在報上看到，您希望能和台灣省政府溝通、協調，一起做「台灣第一街」的計畫？

鄭：我們已經溝通協調過了，準備一起來做。可是面臨當地政府及人民認知上的問題。現在有人反對，有人贊成。反對的人我們想辦法以國外好的例子讓他能接受，大家有共識，把「第一街」重建起來。地方的意願比什麼都重要。我將來的工作也許會常到鄉下去播種，讓大家知道如果你和政府配合，和整個園區配合，你不但能活得很好，而且會比你原來的更好。理念的傳播，將是未來著力的重點。

道德重整與企業回饋文化

李：接著我們請教您的是「重整公共道德」的問題，文建會過去對公共道德不太注意，您認爲這個工作需要去做嗎？

鄭：當然需要做。公共道德包括最簡單的上車排隊，買票排隊等，這是最基本的公共道德，我們可以借用文建會的一些活動，提醒大家。多提醒以後，大家就會養成比較好的習慣了。

李：過去都沒有這樣做？

鄭：所以以後要加進去。譬如我們有文藝季、廟會以及其他大型活動，我們會把「公共道德」當作例行的提醒。前面提到的藝術活動是看得見的文化產物，還有一些是無形的，包括對自然景觀的愛護、人文景觀的建造等。婚喪喜慶有關的應酬也要盡量簡單。以前我們常批評一些人把酒家的裝潢帶進家裡，現在一般家庭的裝潢都慢慢脫離這種色彩。所以有人呼籲和沒人呼籲差很多。

李：您對企業贊助文化有什麼看法？

鄭：現在已經有許多企業在推廣文化。譬如施合鄭文教基金會，不僅企業家本人推廣歌仔戲，家人也一起投入，而且不只歌仔戲，子弟戲、南管、北管等，也設法讓大學生來學。這是我立刻想到的，我想還有其他的例子。

李：在文化的各種形態中，您特別提到文學家，說他們了不起，可是這個部分過去在文化工作的領域中長期被忽視，您的看法如何？

鄭：我覺得文學家沒有被忽視。以往著作權法沒有受到保護，盜版、盜錄猖獗，現在一個作家要靠稿費來生活，已不是特別難的事。當然這仍然不很普遍。此外，政府也給文學許多獎勵，民間也有，譬如兩大報都設有文學獎，文建會也做了「中書外譯」的工作，將文學作品推展到國外去。我自己對文學有一份特殊的喜愛，以前我曾經想過，如果我辭掉電視公司的職務，我希望能成為一個小說家，這是我一生最大的嚮往。

「本土文化」與「外來文化」

李：最近幾天的談話中談到一些關於「本土文化」與「外來文化」的問題，能不能多做一點說明？

鄭：什麼是本土文化？台灣的本土文化已經結合了原住民文化、十七世紀過來的中原文化、十七世紀進來的歐洲文化（如荷蘭、西班牙、葡萄牙等），再加上日據時代的東洋文化，光復以後二度來台的中原文化。這時的中原文化已不只是閩南文化，而是從北到南的中原文化。再加上四十年在此地，我們接受西方文化的衝擊，全盤西化、中西論戰、現代與傳統之爭等。如果要問我「什麼是本土」？我認爲是一種區域、一種單位。我也會反問，本土是分時期？還是分地域？從時間算？或從空間算？現在的本土文化是像美國一樣的文化大熔爐，帶著濃厚中華文化色彩。而所謂本土文化追根究源，不能逃離中原文化的影響、日據時代的影響。我只知道，有些文化被忽略，譬如原住民文化、客族文化。有些立委逼問我什麼是文化主流，我覺得是抗爭文化，卡拉OK文化，這是個風氣，如果大家覺得不好，就應集合大家的力量設法把它扭轉過來，移風易俗不是一天兩天的事。

我相信眞理永遠是眞理，眞理是適合你、我，適合於眾人，眞理不排斥任何人，也經得起討論、論辯，並不是爭出來的就是眞理，我不打算在立法院與任何人主動討論這件事，但有人提出質疑，我也毫不迴避，這就是我的認知，除非你告訴我，我的認知是錯誤的，並告訴我錯在那裡。但是我也有自己的觀點，我會把我的觀點告訴你，很多道理是經過討論才出來的。

大家都是我的菩薩

李：你覺得我們的立法院需不需要有一些文化素養的立法委員？

鄭：我想很多立法委員對文化都十分關切，我對他們有很多的期望，畢竟他們是民意的代表。

李：立法院可不可能成立「文化委員會」？

鄭：現在還不知道，除非文化部成立。但是我知道很多人都很關切，希望來推動文化部的成立。

李：今天非常謝謝您，也耽誤了您不少時間。

鄭：我眞的很感動，把我的作品看得這麼仔細。我對文化十分關懷，但今天走的這條路，並不在我的人生計畫裡，也不是我的選擇。但這件事使我覺得人實在十分渺小，往往我們計畫的未必會發生，我們不計畫的反而發生了。

我自己是個天主教徒，但我用佛經的話來詮釋我的心情，我用「身布施」的概念來做這件事情。我想金錢的布施倒還容易，把自己布施出去是最難的。另外一句是「忍辱般若」，意指忍受侮辱的智慧，我就把大家當做是我的菩薩。有這樣的心態做起事來，是修練自己的一個好方法。

李：以您過去在傳播界、文化界的經歷，應能肆應這些挑戰。當然，文化問題非常複雜，不論是屬於歷史的或現實的，外來的或本土的，文化人的認知都有歧異，尤其是抗爭文化又蓬勃發達，要滿足每個領域是非常困難。我想，大家對您都充滿期待。

鄭：謝謝，我有很完整的心理建設。

附錄二

走向社區，走進校園，走入家庭

李瑞騰專訪文建會新任主委林澄枝

◎封德屏

前言

這一次訪談，我們擬訂出一些問題請教林主委。由於時間關係，第三項最後一題來不及談，其餘皆已觸及。從訪談中我們發現，林主委對文化工作有耐力，而且特具包容力，曾長期默默從事基層扎根的工作。訪談的時間是八十五年七月五日下午，地點在文建會。下面是原來的訪談大綱。

• 關於林主委個人

㈠「文化素養」探源——從「家庭」入手

㈡「行政能力」探源——從「學校」、「政黨」入手

㈢「社會認識」探源——從「社團」入手

• 接掌文建會的心路歷程

(一)爲什麼一年半前您「婉拒」，現在卻「接受」了呢？

(二)對於媒體及文藝界的反映有何感受？

• 有關文化建設工作的展開

(一)您說文化是一種生活方式，是一切建設的根本，我們應以豐富的文化氧息建立有家園之樂的社會。請問經由文化行政體系要如何運作才能落實，並達到這樣的理想？

(二)您說文化要落實、要扎根，和教育與社區是分不開的。關於前者，您提出要和教育部結合，甚至要推動跨部會的合作；關於後者，您提出社區的經營。有沒有什麼具體的方案？

(三)您上任以後在態度與做法的說明上有不少吸引人的地方，包括：

1.面對「他黨」，您說：關懷文化是超黨派的。

2.面對文化界，您說：以誠心化解文化界的隔閡。

3.面對婦女界，您說：要善用婦女的力量。

4.面對年輕人，您說：要給年輕藝術家機會，文化活動要吸引年輕人。

5.面對基層，您說：要傾聽地方的聲音。

6.面對文建會內部同仁，您說：要提振內部士氣和效率。

凡此都將影響國家文化建設工作的推展與成敗，我們希望您能更深入、更具體的闡釋與分析。

(四)我們想知道您理想中的國家文化行政體是一個什麼樣子？

(五)我們想知道您對中華傳統文化、東西方外來文化的看法，以及對於「兩岸文化交流」、「國際文化交流」的意見。

李：我們從蒐集到的資料整理出一些問題來請教主委，也請主委就您說過的話做進一步的發揮。首先請您針對媒體在您接任以後的反映表示一些看法。

長年在社區扎根

林：有些媒體對我是有些質疑，前天博新電視台找我去上「新人新政」節目。王拓委員也單刀直入的問了我許多問題。譬如說「您擔任這個職務是不是政治酬庸，還是因爲您是謝東閔的媳婦」、「您過去對藝文界沒有接觸，沒有貢獻」等等，我也藉這個機會做了一個比較清楚的說明。但也許急於澄清，有關「新政」方面反而談得比較少。

李：我們認爲文建會主委必須具備一些比較優秀的條件，我們是從這樣的角度來研擬今天的訪談題綱。其中有關您個人的部分，我們希望從「文化素養」、「行政能力」、「社會認識」三方面來談，讓讀者大眾能對您有多一些的認識。

林：我這幾天整理了一下，發現我個人長期以來，一直在做社會和文教領域的工作。例如有許多文教基金會我都長年擔任常務理事。還有貧困兒童、原住民兒童、中華兒童福利基金會兒童才藝發展中心扶幼委員會主任委員等，這些也許不太爲外人知道，但這種扎根的工作，我是從來沒有間斷過。

李：我想社會或媒體是從表面上來認定您這樣的一個角色，他們認爲您沒有文化或藝術的淵源。

林：其實淵源是很深的。只是過去長久以來我一向不凸顯自己。我一直是文化工作的幕後推動者。從民國六十年到現在，一直都沒有間斷過。有些年輕的藝術家、音樂家的展演，缺了一些經費，或者他們需要我去做一些什麼樣的工作，我都十分願意幫他們，贊助或協調。我十分重視年輕人的培養，讓他們有空間有機會發展。當然對已成名的藝術家，我們應該持續讓他在國際上成名，讓年輕的一輩可以欣賞他、學習他。傳承的工作很重要。我過去是一個教育工作者，和文化藝術並不是沒有關係。

李：我們怎麼樣更具體的告訴讀者，關於您「行政能力」方面所具備的條件？譬如說您自己就是從「事務管理科」畢業的，這對於您未來從事文化行政工作應該有所助益吧？

林：從小我就代表班上參加作文比賽、壁報比賽，然後又當班長，學會的會長，從事教育工作以後又擔任系主任、主任祕書、校長，一直都在做行政工作。「實踐」創辦人謝東閔先生的教育理念及目標，是希望朝「文化大國」的理想邁進。他強調「生活藝術化，藝術生活化」，所以從這一點著手辦學，又因「實踐」是女校，他認爲每一位女性都應有文化藝術的涵養，可以教導孩子，陶冶他們的性情。從家庭爲出發，再一路拓展到社會。我們常在暑假期間組成「村里藝文服務隊」，把校園的音樂、美術、設計經驗，甚至像「歷代服裝表演」這樣的節目，都帶到社區、帶到鄉下去，和社區的婦女及銀髮族相處在一塊，教他們一些生活上的事務，讓他們接觸藝術。有些地方，我們幾個暑假持續去做，很有一些成果。其實很像今天「社區總體營造」的構想。經過一段時間，如今回頭檢視，覺得十分有意義。我曾陪他們到鄉下，在學校的操場搭個簡單的棚子，唱歌或表演民俗技藝或民族舞蹈。這個工作持續了好久，到現在我還是彰化二水家政文化推廣中心的班主任。我們是寒、暑假全年無休的做這些服務工作。因爲有行政協調的經驗，例如與當地的政府，及當地的基層組織，以及各方面資源的整合，所以這方面的經驗還是有的。

過去我經歷很多的職位，都能讓大家肯定我，我想最大的原因是我有很大的包容力。藝文界很需要一個包容力很強的文藝事務主管，及很強的溝通、協調的能力，才能做整合的工作。有些人說我，「你不是藝術家，怎麼能來擔任這個職位」。我想以一個藝文事務服務者、工作者自居，我想我是負責整合民間的社團與政府的資源，像這樣繁瑣的工作，我會很有耐心去做的。

一個專業政策的形成，不是一個人的能力可以做到的，我很希望聽聽各界的聲音。計畫在這個辦公室，每次五、六個人，喝個下午茶，希望他們能給我們一些建議。過去在這裡召開大型委員會，是由各部會的首長與專家學者組成，我也希望活潑、提升這個委員會的功能。

充滿藝文氣息的家庭背景

李：能不能請您談談，不管是在娘家或在夫家，有關藝術素養的陶冶方面的狀況？

林：我想這是影響我最大的因素。我的祖父林澀如先生是前清秀才，大家都叫他林應公。父親林東淦先生，光復前到日本去讀書，得了一個碩士，在當時很罕見。他雖然修的是經濟，但也副修了許多文學課程，尤其他的書法很有名，現在日本仍有兩個大學以他的字帖為教本。我們也覺得很驕傲。母親能詩能文，婚後受了爸爸的影響，也開始寫書法。小時候我們全家的休閒活動，就是寫書法。我母親曾出版過詩文集。我舅舅當年曾做了一首〈歡迎歌〉，在台灣光復節當天，有幾百萬人都在唱。歌詞是媽媽幫忙舅舅一塊寫出來的，當時十分轟動。

婆家的文學藝術氣氛就更濃厚了，我婆婆曾經高興起來整晚彈琴、唱歌。無論精緻或通俗，傳統或現代的音樂，她都十分喜歡。公公雖然不唱歌，但顯然受婆婆的影響很大。小叔、小姑也都喜歡美術、音樂。整個家族的氣氛都十分的藝術。我先生更是十足的藝術愛好者。我的四個女兒，老大謝文宜十四歲時寫了一篇〈爺爺的手傷〉，老二謝文安師大美術系畢業、美國普度大學碩士，學的是「視覺傳導藝術」，老三謝文心現在大四，讀的是設計，老四謝文珊今年由北一女保送台大中文系，喜愛現代文學，自己寫了一本詩集，書名叫《極光》，也愛寫小說、散文。

李：您自己除了練過毛筆字之外，還喜歡那些藝術？是否學習過其他的藝術專長？

林：除了練書法外，還彈鋼琴。此外，閱讀應該是我最大的興趣。至於閱讀內容，我是精緻的、通俗的都來。除了世界名著、中國文學名著也看，這也許是受媽媽的影響，媽媽會背《紅樓夢》中所有的詩詞，我們也跟著背〈出師表〉等好文章。國內外的名著大部分在初中看完，以後上高中、大學，我們仍然會將這些名著拿出來反覆重讀。每個階段的閱讀感受都不同。我也曾在所謂作夢的年齡迷瓊瑤的小說；到美國讀書，也跟大家看武俠小說。

李：您曾在「實踐」開了一門「生活藝術」的課程，現在還有嗎？這是怎麼樣的一門課？

林：這門課原來叫做「禮儀」。因爲公公覺得我們是「禮儀之邦」，不能不懂禮節，後來改爲「生活倫理」、「人生哲學講座」，後來又改爲「生活藝術」，由我擔任召集人，已有五、六年的歷史，每學期十二次課，每次有兩百多人在很好的場地及氣氛中上課，內容有「法治與生活」、「音樂與生活」、「民主與人生」、「文學欣賞」、「休閒與人生」等。我不是樣樣專家，我擔任引言人，請專家來講課，學生再提出問題討論，很受學生歡迎。這是一種培養學生人文素養，以符合現代需要的課程。

李：從這裡可以感受到生活與藝術文化之間融合成一體的狀況，您自己曾經說過：「文化就是一種生活」，這種理想的生活情境，是否會成爲您工作的終極目標？譬如落實到社區、到家庭中，讓婦女來參與，最後希望建立一個「富而有禮」的社會。但我們知道，芸芸眾生中，在各個不同領域，在農村、在菜市場、在礦坑，要讓這樣的理想實踐在社會的每個角落，是很困難的。

林：所以我們說希望增加藝術欣賞人口，講起來像是一個口號，我覺得這是可以做到的。尤其是孩子國中、高中的階段，還住在社區的家庭中。當地文化中心、社教館的文藝活動，可以與社區中的中小學緊密配合。以往的音樂、美術課程，受了升學主義的影響，多半變成點綴的課程，很少把課程弄得讓學生喜歡。

我和我先生都非常喜歡旅遊，旅遊的重點是參觀各國的藝術館、美術館。前些日子我參加長榮公司的「藝術之旅」，一個禮拜巴黎定點遊覽，體會法國的藝術教育，眞讓人羨慕，這可以說是我未來期盼的遠景。民眾一卡在手，可以多次進出美術館，他們把藝術、美術的課程生活化、活潑化。一個小男生可以娓娓道來他們國家的歷史古蹟，並深以爲傲。反觀我們的學生，也許「莫內」是誰都不知道，甚至故宮博物院有沒有去過，都是問題，大部分的年輕人喜歡視覺感官上的娛樂，這是一個隱憂。我希望我們的年輕人、學生，生活在快樂的、活潑的環境中，所謂教育鬆綁，眞正的能朝向這個目標。我們希望各地的文化中心不只是展演的活動場所，甚至希望更多元化，讓許多銀髮族的人也能享受這些活動。過去我在婦工會工作，成立社區媽媽合唱團，發現許多退休的音樂、美術老師都來參與，全心投入。一上台，兒子女兒都來捧場，帶動全家的和樂氣氛。此外，精緻的活動也能發展到地方去，像雲門舞集一樣，可以慢慢擴大藝術欣賞的人口。

教育是文化的種子，文化是教育的果實

李：我想提出一個問題，多少年來台灣的文化工作都與教育體系結合在一塊，在文化界產生一些負面的觀感。您說教育體系內部增加文化藝術涵養的課程，讓每一個學生有人文素養，這很重要。但這畢竟是教育工作，而您剛才提到社區的工作，有一些是屬於「社會教育」的工作，感覺與文化工作有關，但在行政系統內，它還是和文化工作分開的。

林：行政院的組織法，目前已由研修小組在研修中，先不論未來是否成立部，目前散置在內政部、

新聞局、觀光局的文化業務，未來都要歸到文建會，我想事權統一，未來的事務推動，應該比較有效。

李：台灣省有關文化的工作主要在教育廳，立法院沒有文化委員會，文化事務歸教育委員會，我們強烈感受到以往台灣整個政治制度，把文化納入教育。但文化本質上需要創造性的東西，它是超越規範的，因此這其中充滿了矛盾。和教育體系相結合是很不錯的，但終究還是屬於教育的工作。如何讓文化事務有一個比較明確的目標，而不是透過教育系統去實踐。

林：我覺得教育和文化是不可分的。把文化放在教育之列，也許就沒有這麼自由可以發揮，也可能和你所說產生一些問題。但我認爲「教育是文化的種子」、「文化是教育的果實」，二者幾乎是一體的兩面。像中學生，自主性還不十分強，如果用半強迫的規定，像台北市私立復興中小學的校長，規定每個學生每個學期至少交三張或四張參加藝文展演的票根，還要說出參觀後的感想。一女中到現在也還是這麼做。我覺得這可以培養他們參與文化藝術的習慣。

李：這是屬於教育的工作，站在文化行政單位的立場，我們下手的地方到底在那裡？

林：我們將政府的資源下放到學校去，下放到每個基層去。譬如地方的文化中心，甚至地方上的學校有好的計畫，我們可以下去輔導，甚至可以提供費用，讓他們發揮創造力。我們容易從比較大型的文藝季的敲鑼打鼓中去感受活動功效，也許這只是宣誓性的，但多少仍有些成效。此外，也有長期持續性的如「社區總體營造」，我們已感覺到這股力量的龐大。許多文史工作室分別在各鄉鎮展開工作，發覺當地特殊的文化及資源，然後做記錄及保存。只要地方文化中心有構想，願意做，就可以多舉辦活動。

像最近宜蘭縣立文化中心舉辦的「一九九六國際童玩藝術節」，都是具體在做的工作。

李：像宜蘭的這個活動可以和教育系統結合，這是一種方式。

林：這當然要教育單位配合，有時候長官的一句話會產生很大的影響。

李：您現在是否已有一些具體方案？

林：目前我只提出一些理念。具體的做法正根據文建會同仁提供的資料做進一步的觀察。單五月份一個月，文建會的工作就有四十大項。國內外的展演、交流、互訪、會議，做的事情很複雜，困難度也很高。我想文化是包羅萬象、經緯萬端的，從那一個面切入很要緊，但要立竿見影卻很困難。

李：您提出來的理想情境，我們也都在期待。站在文建會的立場，如何一步一步達到這個理想？

林：有了理想，如何落實下來，有效去推動，也不是很容易。文建會的公文緩慢繁瑣，一個地方團體辦活動，希望獲得輔助，等到公文到我手上，也許可能過了時效。公家機關有它的體制，必須一關關的審核。以往我在私立學校、在黨部，只要計畫好，就可以立刻去做，可以很快看到成果，但在公家機關，公文流動速度較慢，我看了也很急。

關懷文化是不分黨派的

李：接著我們談您講過的一些話，我想這些話都可以進一步思考，甚至可以成為日後文化工作的指導原則。譬如說「關懷文化是超越黨派的」，您在執行工作時如何落實？

林：我有接納意見的雅量。過去在「實踐」學院我碰到批判性很高，個人意見很強的教授，我擔任課務主任的時候，與他們之間的協調溝通十分良好，直到現在我們還保持很好的關係。我不是專家，可是我願意傾聽別人的聲音。因此，我非常願意分批與藝文界的學者專家見面。在過去學校行政工作中，老師們各種黨派都有。我在婦工會的黨務工作就從來不帶入學校中，只有在「民主與生活」講座中，邀請不同黨派的人來校演講。我最得意的是我們出版中華民國第一本「婦女政策白皮書」，整個公聽會、學術研討會的過程，幾乎三黨一派的人都來參加。我也很感謝中國國民黨，我的長官從不干涉我，或給我壓力。所以在社區媽媽合唱團裡，各種黨派都有。文化工作秉持這樣的信念，應該不會造成任何困擾。

李：文化有一個特性，通常它的背後有意識形態的存在。有意識形態，就會分這個和那個，你補助歌仔戲與國劇，就有不同的認定。以前在文化復興運動時代，補助的大都是大陸的曲藝，近幾年情勢改變，本土的地方戲曲與民俗技藝補助的比較多，也可以看出社會的發展。可是通常政黨在面對政治有些地方很堅持。因此，雖然說「關懷文化超黨派」，他仍然會問：「你對文化的看法是什麼？是中國文化還是台灣文化」？

林：剛來文建會時，我看到工作方向中三大目標之一是「發揚優良中華文化」，無論什麼黨派，我們都不能否認我們原來是從大陸來的。但是，我們必須強調本土文化，因爲如果連我們居住的地方、生長的地方都不了解，都不愛它，如何有更大的胸懷去愛更大的地方、更多的人。我們應該先從了解台灣做起，正如「社區總體營造」，每個地方都有責任發掘台灣最好的東西，不要等別人來認定你這個地方是一個寶，而這些原來卻是我們自己所不重視的。保存傳統民俗文物是我們的責任，但是如何賦予新的生命，用新的面貌呈現出來，讓大家都喜歡他。譬如傳統的南管樂曲在改編成交響組曲後，好聽的不得了；最近我們原住民的「飲酒歡樂歌」被奧運主題曲取用一段，其實我們應該非常慚愧，類似這樣的音樂，我們都可以聯合作曲家，改編成大家可以接受的作品。

讓文建會向文化界表示誠意

李：您這麼多的想法，像「關懷文化是超黨派的」、「以誠心化解文化界的隔閡」、「要善用婦女的力量」、「給年輕藝術家機會」、「要傾聽地方的聲音」等等。您有沒考慮讓這些變成可以研究的項目？在您的任內，一開始就有幾個研究小組分別針對您的這些想法加以研討，然後落實下來？

林：這個想法很好。我希望能健全文建會本身大大小小的委員會，提升並活潑他們的功能。現在我們又有一個緊急任務，那就是提升我們的國力、競爭力。在公布的項目中，其中「生活品質」的提升是與文化有關的。我現在要求每一處提出兩項認爲具體可行的，積極的進行。我不要求多大的績效，如果已經往這條路上行走，都會有明顯的績效，我不會給他們太大的壓力。我很期盼能提出幾個工作大綱，提升我們國家藝文欣賞人口。譬如給年輕人機會，如何給，用什麼方式給？專家學者，學校社團負責人，都可以提供意見。

李：您會聽到大家伸手向您要錢，或者向您吐苦水的聲音。

林：那也沒關係，至少可以讓我們表達文建會的誠意。我相信大家都希望被尊重。我希望拉近大家的距離，而不是只站在一邊看熱鬧或批評，而是主動參與。也許提供十項意見，只有三項我們可以做到。正如在一個演講中，也許只有一句話，你聽了對你有用，那也就值回票價。

爲了凸顯政績，有人建議六個月內做一個文化政策白皮書，我覺得很惶恐，文化政策不比婦女政策，範圍太大了。婦女政策白皮書，前後兩年才能稍微完整，還談不上周延。文化談何容易，要包括的更深、更廣，但也可以試試看。

李：您說的與各界見面，聽各界的聲音，您會具體化爲目前文建會工作的一個項目，變成制度？還是零星的做？

林：我覺得可以變成制度，也可以零星的做。因爲下年度的政策及工作都已經很清楚了，如何在這些項目中，以及既定的經費中，擠出一些空間來？那些經費補助的效果是什麼？也許過去只是一直循例去做，並沒有發揮預期的效果。如此，是否可以挪出一些經費來，舉辦一些發掘新人，或是爲年輕朋友辦活動？爲此，我曾和會裡的同仁誠懇的一塊談，以往的業務會報是科長以上的參加，現在要求業務承辦者一塊參加。我請他們把工作拿出來檢視一下，也許也要「大清倉」一番。

讓每個部會都「文化」起來

李：我覺得主委說的都應該做，重要的是如何落實您這些想法，如果能做成案子，然後再針對案子來討論。譬如給年輕藝術家機會，就把它變做行政上可以運作的辦法或制度，才可以顧及到均衡性。此外，善用婦女力量，但所謂婦女的力量，表面上是一般婦女團體，但這是不是全部的婦女力量？學校內部呢？我們應該向誰去接觸？社團負責人更替變遷，應該如何聯繫，才能有效掌握？這些都可能需要專案來研究。

林：我常常會突發奇想，有不同的點子，想做一些事。我和主祕說，暑假裡好像沒有特別爲年輕人安排的活動。譬如大師開講，或者是研討會、文藝營等，有這麼多對文藝有熱情的年輕人，應該多辦一點活動。有些企業團體，不知道去贊助什麼活動，政府可以結合民間社團或企業界的力量去做。暑假期間的活動應該非常蓬勃，而不只限於救國團的活動。年輕孩子的才華及創作力充沛。所以我才希望與其他部會聯繫，甚至親自與他們首長聯繫，或直接拜訪他。

李：最近有一些大學已經在做了。像新竹的清華大學早有頻繁的藝文活動。另外，我覺得有一點可以下手，就是教育系統中的通識教育。像中央大學最近就由通識教育單位成立一個藝文小組，有一個展示空間，第一檔舉辦的是陶藝展，參觀的學生很多，以前這是沒有的。我覺得學校要納入社區，與社區結合。政府文化行政體系的力量可以進入，幫助學校成立類似「藝文小組」的單位。這些需要有專人研究，變成具體可行的方案。

林：像這樣的問題，我們就可以有一個很好的座談主題，讓大家腦力激盪。

李：因您的專長及背景，您提出與教育體系結合的想法，也就是跨部會的合作。當然，最好是讓每個部會都有「文化」。

林：有些人問，爲什麼各部會要來文建會開會。我認爲環保、都市建設的景觀等都與文化有關。

李：以文建會爲中心，各部會主掌工作中與文化有關的應該整體思考，彼此有橫向聯繫。

林：這就是我要的。過去我在婦工會，爲了提升婦女地位，解決婦女問題，我曾經發文給相關單位：問他們這三年來有沒有任何對婦女權益相關的具體建樹，請塡表格給我們，我們要做報告及參考。文化也可以採取類似的方式，讓大家都來重視。否則部會的委員來文建會開會，就沒有多大意義。

你剛才提到，希望各部會都能有一個文教小組，如果他們能做什麼，我們來做規劃及諮詢的工作，這樣才有意義。大委員會的第一次開會是部長出席，我寧願慢一點，至少確定討論的議題或焦點，他們聽了也願意積極配合。我會耐心的追蹤、聯繫，去了解他們實際進行的程度。希望與文化有關的各個小組，在各部會裡面，都能發揮他的作用。

最好連鄉鎮都有文化行政單位

李：您認爲理想中的文化行政體系，應該是什麼樣子？

林：從中央至地方，中央有文化部，台灣省八十六年就有文化處，高雄也會有文化局，北市也在籌設當中，縣市有文化中心。如果有一個政策要執行，會比過去還好。

李：各地的文化中心，表面落實到地方，其實沒有。文化中心位在市區，僻遠鄉鎮根本無法享受到文化中心的活動。像台中縣立文化中心所在是豐原，從霧峰到豐原，路途就十分遙遠。所以也應有它的文化行政單位，鄉鎮公所或北高兩直轄市的區公所應設有文教科，這樣文化活動才能眞正到達地方。

林：這也是我最近接觸到的一些困難。文化中心的主任或內部的工作人員也都提到這個問題。我也在思考，如何在鄉鎮設立相關部門，用政府來主導，再結合民間社會力量。目前社會富裕，許多企業都願意贊助文化。他們出錢，我們出力，應可以做很多事。

李：鄉鎮的文化事務都有行政單位，還有一個重要功能。所有村里寺廟管理委員會、社區發展委員會與地方勢力結合。假如他們是和諧共同面對村里事務的話，非常好。有些村里就在廟裡舉辦文化活動，請人來教書法等，這樣的活動很有意義。而現在的「社區總體營造」給人的感覺是只有幾個定點在做一些示範性的活動，熱鬧完了，就消失了。如何到每個村里，讓「社區發展」的部分有文化活動的參與，才比較重要。現在村里上面沒有文化行政單位，只有到縣政府去爭取資源，縣政府面對這麼多村里，也很難處理。因此，如果在鄉鎮設立文化行政單位的話會更好。

林：謝謝。因爲以往負責黨務的工作，都是從村里做起，了解到一個政策必須從基層做起。謝謝您的意見。

國家圖書館出版品預行編目資料

文化新視野 / 李瑞騰主編. -- 初版. -- 台北市：
文訊雜誌社出版；〔桃園市〕：台灣文學發展
基金會發行, 民97.07
面； 公分. --（文訊書系；3）

ISBN 978-986-83928-5-4（平裝）

1. 文化 2. 社區總體營造

541.2 97011037

文訊書系3

文化新視野

主　　編◆李瑞騰
執行編輯◆杜秀卿
發　　行◆財團法人台灣文學發展基金會
出 版 者◆文訊雜誌社
地址／台北市中山南路11號6樓
電話／02-23433142　傳真／02-23946103
郵政劃撥／12106756
封面設計◆不倒翁視覺創意工作室
排　　版◆浩瀚電腦排版股份有限公司
經銷發行◆秀威資訊科技股份有限公司
初　　版◆2008年（民97）7月

定價 280元
ISBN 978-986-83928-5-4